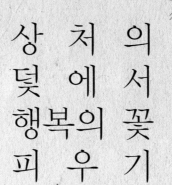

상처의
덫에서
행복의 꽃
피우기

오영희 저

학지사

그 어느 누구에게도 과거가 현재를 가두는 감옥이어서는 안 된다.
과거를 바꿀 수는 없으므로
우리는 어떻게 해서든 과거의 아픈 기억을 해소할 길을
찾아보아야 한다.

용서는 과거를 받아들이면서도 미래를 향해 움직일 수 있도록
감옥 문의 열쇠를 우리 손에 쥐여 준다.
용서하고 나면 두려워할 일이 적어진다.

- 프레드 러스킨 -

상처와 용서가 전하는 말

1. 상처가 전하는 말

대학생인 경미는 엄마가 동생만 챙겨 주고, 동생과 싸우면 무조건 동생을 감싸 주는 것에 대한 나쁜 감정이 쌓이고 쌓여 있었습니다. 그런데 지난 명절에 온 가족이 모였을 때 엄마가 다시 동생 편을 들면서 경미를 야단치자, 그동안 쌓였던 분노가 폭발해 버렸습니다. 경미는 엄마에게 소리치며 막말까지 퍼부었습니다. 그 후 집안 분위기는 살얼음판이 되어 버렸고, 경미는 지방에 있는 집에 내려가는 것을 최대한 피하고 있습니다.*

---

* 이 책에 제시된 사례들은 우리나라와 외국의 사례들을 바탕으로 재구성한 것입니다. 그리고 사람들의 이름은 모두 가명임을 밝힙니다.

우리나라에서 대학 시절은 인생의 소중한 보물을 찾는 시기입니다. 매우 빡빡한 대학 입시 위주의 교육제도 속에서 고등학교 때까지 집과 학교만을 오가며 입시 공부에 얽매여 있던 학생들은 대학에 들어가서 풍부한 지식을 접하고, 많은 사람들을 만나고, 다양한 경험을 하면서 크게 성장하게 됩니다. 바로 그러한 성장이 대학생들이 성인으로서의 자기 정체성을 확립하고, 대학 이후에 자신의 삶을 당당하고 행복하게 살아가게 도와주는 귀한 보물입니다.

　그런데 엄마와 심각한 갈등을 겪고 있는 경미는 대학 생활을 제대로 할 수 있을까요? 대학을 졸업하고 성인으로서의 삶을 살아가는 데 꼭 필요한 지적 · 정서적 · 사회적 성장을 할 수 있을까요?

　필자는 지난 20년 이상 대학에서 '정신건강'이란 과목을 강의하고 있습니다. 이 강의를 수강하는 학생들은 학기 말에 자신의 정신건강을 직접 분석하는 보고서를 제출해야 합니다. 그런데 그 보고서들을 살펴보니 대학생들의 성장을 방해하는 중요한 요인은 대인관계에서 심각한 상처를 받고서 그것을 제대로 해결하지 못한 것이었습니다.

　특히 앞에서 제시한 경미의 사례처럼 형제간에 차별을 받거나, 사랑을 받지 못하거나, 무시를 당함으로써 부모로부터 깊은 상처를 받은 대학생들은 많은 문제를 가지게 됩니다. 그 학생들은 자아존중감이 낮고, 지적 · 정서적 · 사회적 발달이 원만하게 이루어지지 않습니다. 더 나아가서 불안장애나 우울증 등 여러 가지 정신장애를 겪는 경우가 많습니다.

　또 다른 사례로 시어머니에게서 심각한 상처를 받고 있는 50대

주부의 경우를 봅시다.

> 순자는 시어머니와 사이가 아주 나쁩니다. 30년 전 시집올 때부터 시작해서 시어머니는 온갖 이유(혼수를 제대로 해 오지 않았다, 음식을 못한다, 남편 뒷바라지를 잘 못한다 등등)를 대며 순자에게 깊은 상처를 주었습니다. 그래도 순자는 가정의 평화를 위하여 참고 참았습니다. 시어머니가 상처를 줄 때마다 감히 대들지도 못하고, 아랫사람인 자신이 더욱 시어머니를 이해하고 더 잘해 드려야 한다고 생각했습니다. 그러던 어느 날 애들 교육을 제대로 시키지 못한다고 고함을 지르는 시어머니 앞에서 순자는 갑자기 쓰러지고 말았습니다. 여러 가지 정밀검사를 거치고 내려진 진단명은 '화병'이었습니다.

우리나라 고유의 정신장애로 분류되는 화병은 다른 사람에게서 받은 상처를 잘 해결하지 못하면 걸리는 대표적인 마음의 병입니다. 마음에 상처를 입어서 화가 나고, 억울하고, 무력감과 슬픔을 느끼는데 그것을 제대로 해결하지 못하고 오랫동안 참고 억제하게 되면 화병이 생기는 것입니다. '참는 것이 미덕'임을 강조해 온 우리나라의 문화적 특성이 결국 화병이라는 우리나라 고유의 정신장애를 만들어 낸 것입니다.

우리 민족 고유의 정서로 '한'을 이야기하고, 한과 관련된 '화병'

이라는 고유한 정신장애를 논의할 만큼 우리나라 사람들은 다른 사람들에게서 부당한 상처를 받고 난 뒤 그 상처를 효과적으로 해결하지 못하여 많은 어려움을 겪고 있습니다.

그런데 더 안타까운 것은 상처의 부정적인 영향이 본인뿐만 아니라 주변 사람들에게까지 퍼져 나간다는 것입니다. 특히 가족 간의 상처는 한 세대를 넘어서 다음 세대로까지 이어집니다. 부모에게 상처를 받은 사람은 자신의 분노와 증오를 그대로 자녀에게 전달하게 되기 때문입니다.

이처럼 사람들 사이에서 생겨나는 아픈 상처는 자유롭고 행복하게 살고 싶은 우리의 발목을 붙잡는 무섭고 질긴 덫입니다. 그렇다면 우리는 어떻게 해야 이 아픈 상처의 덫에서 벗어날 수 있을까요?

2. 용서가 전하는 말

용서는 대인관계에서 생겨나는 부당하고 깊은 상처를 효과적으로 해결해 주는 적극적인 자기치유와 자기회복의 문제 해결 방법입니다.

용서는 특히 가족 간의 상처와 갈등을 치료하는 데 매우 필요합니다. 가족은 매일 함께 생활하면서 서로에게 강력한 영향을 미칩니다. 그러다 보니 가족 내에서 생겨나는 상처와 갈등은 그 세대를 넘어서 다음 세대로까지 이어지게 됩니다. 자신의 부모를 미워하는 사람들은 알게 모르게 그 증오를 자녀들에게 전달하게 되고, 그 자녀들은 또 자기 자식들에게 전달할 가능성이 큽니다. 안타깝게도 가족 내에서의 상처와 증오의 대물림은 종종 일어납니다.

　용서는 상처와 증오의 악순환이라는 덫에서 벗어나는 데 가장 효과적인 방법입니다. 용서는 여러 세대로 이어지는 아픈 상처와 증오의 덫에 걸려 있던 우리가 꽁꽁 묶여 있던 쇠사슬을 끊어 내고 자유롭게 해방되어서 행복하게 살도록 도와줍니다.

　한 심리학자는 부모 용서의 중요성에 대해서 다음과 같이 말합니다.

　　인간은 자신의 부모를 용서할 수 있을 때 비로소 제대로 성장하여 완전한 어른이 될 수 있다. 당신을 속박하는 상처와 실망을 끝장내라. 당신의 필요를 충족시켜 주지 못한 부모 때문에 당신의 자녀까지 계속 비참하게 만들고 멍들게 하는 상처와 실망의 악순환을 종결하라.*

　용서는 가족뿐만 아니라 학교나 직장 등에서 발생하는 심각한 대인관계 상처를 치유하는 데도 효과적입니다. 예를 들어, 학교폭력도 용서를 활용하면 처벌 위주의 방법보다 더 효과적이고, 그리고 더 근본적으로 해결할 수 있습니다.

　어떻게 용서가 우리를 아픈 상처의 덫에서 벗어나서 자유롭고 행복하게 살 수 있도록 도와줄까요?

---

* Fields & Hubbard(2014: 19-20). 이 책에서는 독자들의 편의를 위해서 직접 인용하는 경우에만 주에 참고문헌을 밝혀 달았습니다. 이 책에서 참고한 다른 책들은 참고문헌에 제시하였습니다.

오랫동안 용서는 주로 종교와 철학의 영역에서만 다루어져 왔습니다. 그러다 보니 용서는 사람들이 일상생활에서 실천하기에는 너무 어렵고, 막연하고, 이상적인 행위로만 생각되고 있었습니다. 그러다가 1990년 말부터 용서에 대한 심리학적 연구가 시작되면서, 일상생활에서 대인관계 상처를 치료하는 데 용서를 효과적으로 활용할 수 있는 방법들이 개발되었습니다.

용서연구의 선구자로서 지난 30년간 용서를 집중적으로 연구해 온 미국 위스콘신 대학교 교육심리학과 교수인 엔라이트 박사는 용서구하기, 용서하기, 화해하기가 용서의 삼각형을 만든다고 말하였습니다. 즉, 상처를 입힌 가해자가 용서를 구하면 피해자가 용서를 하고, 그 뒤에 둘이 함께 상호 신뢰를 회복하면서 화해를 하게 되는 것입니다. 그렇다면 어떻게 효과적으로 용서를 구하고, 용서하고, 화해할 수 있을까요?

3. 이 책의 필요성

이 책은 일반인들을 위한 용서와 화해 실천 안내서입니다. 지금까지 나온 심리학적 연구들을 종합하고 쉽게 풀어서 일반인들이 용서와 화해를 효과적으로 실천할 수 있도록 재구성하였습니다. 이 책이 지금까지 나온 용서에 관한 책들과 다른 점은 크게 두 가지입니다.

첫째, 이 책은 용서하기뿐만 아니라 용서구하기와 화해하기에 대해서도 자세하게 다루고 있습니다. 지금까지 용서에 대한 책들은 주로 상처를 받은 뒤에 용서하는 것에만 중점을 두고 있었습니다. 그러나 용서의 또 다른 측면인 용서구하기도 매우 중요합니다. 왜 그럴까요? 사람들은 서로 상처를 주고받는 쌍방적인 경우가 많기 때문에 용서하기와 용서구하기가 모두 필요합니다. 또한 가해자가 먼저 사과하고 용서를 구하면 피해자가 용서하는 것도 쉬워집니다.

더 나아가서 용서와 화해는 다르기는 하지만 서로 밀접하게 연관되어 있습니다. 용서를 통해서 나 자신이 치유된 다음에는 화해를 통해서 악화된 관계를 치유하는 것이 필요합니다. 그래서 이 책에서는 어떻게 화해할 것인가에 대한 내용도 다루고 있습니다.

둘째, 일반인들이 일상생활에서 용서와 화해를 보다 쉽게 실천하는 데 도움을 주기 위해서 다양한 예, 활동지, 검사지 등을 활용하고 있습니다. 또한 각 장의 뒤에는 '실습: 당신에게 적용하기'를 제시해서 독자들이 직접 용서와 화해를 연습할 수 있는 기회를 제공하고 있습니다.

이 책을 누군가로부터 깊은 상처를 받았거나 또는 누군가에게 깊은 상처를 입혀서 아직도 아파하고 있는 사람들에게 바칩니다. 힘들기는 하지만 용기를 내서 이 책을 안내서로 이용하면서 용서와 화해의 길을 걸어가 보기를 권합니다. 그리고 그 길의 끝에서 자유와 행복이라는 새로운 세상을 발견하기를 희망합니다.

용서에 대한 심리학적 연구가 거의 없었던 시절에 나를 용서의 길로 인도해 준 스승 엔라이트 박사와 15년 이상 함께 용서를 공부해 온 한국용서연구회 동료들에게 감사의 말을 전합니다. 그리고 나의 용서연구에 참여해서 이 책의 바탕을 만들어 준 분들과 초고를 검토해 준 분들에게도 감사를 드립니다. 흔쾌히 이 책의 출판을 맡아 주신 학지사 김진환 사장님과 좋은 책을 만들기 위해 애써 주신 이상경 님께도 감사의 마음을 전합니다.

　많이 부족한 나를 사랑하고 용서해 준 가족과 친구들이 있었기에 이 책을 쓸 수 있었습니다. 그들을 내게 보내 주신 하느님께 깊이 감사드립니다.

2015년 8월

오 영 희

이 책의 사용 방법

1. 먼저 부담 없이 책을 전체적으로 한 번 읽어 보십시오

이 책에서는 두 사례를 중심으로 용서하기, 용서구하기, 화해하기 작업을 자세하게 설명하고 있습니다. 한 사례는 어머니에게서 상처 받은 대학생 선희의 사례입니다. 다른 사례는 남편의 외도로 상처 받은 40대 주부 희수의 사례입니다.

이 두 사례를 통해서 어떻게 부모-자식 간에 그리고 부부간에 용서와 화해가 이루어지는지를 살펴보십시오.

선희의 사례

대학생인 선희는 엄마와 사이가 좋지 않습니다. 고등학교 때 엄마와 자주 다투었는데, 그때마다 엄마는 선희에게 상처 주는 말을 했습니다. 엄마가 남동생을 더 잘 챙겨 주는 것도 선희를 기분 나쁘게 했습니다.

결정적인 사건은 수능발표 직후에 일어났습니다. 엄마는 선희의 수능 결과가 나쁘다는 이유로 매일 선희를 구박하고 심지어 때리기까지 했습니다. 상처가 되는 말도 정말 많이 했습니다. 선희는 그렇지 않아도 힘들어 죽겠는데 엄마가 옆에서 더 힘들게 하니까 도저히 집에 있을 수가 없어서 며칠간 가출하기도 했습니다.

대학에 들어간 지금도 엄마는 선희에게 불만이 많고, 이것저것 요구하는 것이 많습니다. 그래서 선희는 집에 들어가기가 싫고, 집에서도 엄마와 거의 말을 하지 않습니다. 지금 선희에게 제일 불편한 사람은 바로 엄마입니다. (선희 엄마의 이름은 정애입니다.)

희수의 사례

결혼 15년차 주부인 희수는 최근에 남편이 바람을 피운 것을 알게 되면서 큰 충격을 받았습니다. 얼마 전부터 남편의 출장과 야근이 잦아지더니 새벽 늦게 들어오는 일도 많아졌습니다. 그러다가 우연히 남편의 핸드폰에서 어떤 사람과 주고받은 문자 메시지를 보고 심각한 관계인 것을 알게 되었습니다. 남편은 처음에는 의부증이 아니냐면서 오히려 희수를 몰아붙이다가 희수가 증거를 보여 주며 이혼을 이야기하니까 그냥 의미 없이 만나는 여자라고 고백했습니다. 그 후에 남편은 자신이 잘못했고 앞으로는 절대 그런 일이 없을 것이라고 용서해 달라고 했습니다.

남편과 결혼하면서 좋은 직장도 포기하고 행복한 가정을 만들기 위해 노력한 희수에게 남편의 외도는 엄청난 충격이었습니다. 남편이 용서를 빌었지만 받아들일 수가 없었습니다. 희수는 요즘 밥도 잘 못 먹고 잠도 잘 못 자다 보니 어느새 살이 많이 빠지고 집안일도 하기가 싫어졌습니다. 남편이 너무 밉고, 화가 치밀어 오르고, 앞으로 어떻게 해야 할지 몰라서 하루하루를 힘들게 보내고 있었습니다. (희수 남편의 이름은 현우입니다.)

2. 당신이 직접 용서나 화해의 작업을 시도해 볼 마음이 생기면 시간을 내서 천천히 용서하기, 용서구하기, 화해하기 작업을 하나씩 수행해 보십시오

이 책은 그냥 한 번 읽고 지나가는 책이 아닙니다. 가까운 곳에 두고 필요할 때마다 꺼내서 보고 또 보면서 독자가 자신의 아픈 상처들을 치유하는 데 도움을 받을 수 있는 책입니다. 이 책에는 용서와 화해를 실천하는 과학적인 방법을 요약해서 정리해 놓았습니다. 특히 독자 스스로가 용서와 화해 작업을 실행해 볼 수 있도록 각 장의 뒤에 '실습: 당신에게 적용하기'를 제시했습니다.

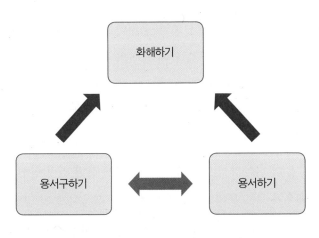

용서와 화해의 과정

이 책에는 용서하기, 용서구하기, 화해하기라는 세 가지 작업을 종합적으로 제시하고 있습니다. 그러나 용서하기라는 하나의 작업을 실습하는 데만도 시간이 많이 걸립니다. 따라서 독자들이 서두르지 말고 천천히 시간과 마음의 여유를 가지고 각 작업을 하나씩 실습해 볼 것을 권합니다.

유의할 것은 용서와 화해작업의 순서입니다. 용서하기와 용서구하기는 순서에 상관없이 당신이 하고 싶은 것을 먼저 할 수 있습니다. 그러나 화해하기는 반드시 용서작업을 하고 난 뒤에 실행해야 합니다. 각 장의 앞에 제시된 선희와 희수의 사례는 당신의 작업을 위한 좋은 참고자료가 될 것입니다.

용서와 화해작업은 한 번으로 끝나는 것이 아닙니다. 살아가면서 우리는 계속해서 여러 사람에게서 상처를 받습니다. 그래서 용서하고 화해하는 좋은 습관을 만드는 것이 필요합니다. 계속해서 용서와 화해를 반복해 연습하다 보면, 용서하는 습관 또는 용서하는 성격이 생겨날 것입니다. 그로 인해 당신의 삶 자체도 '상처 받는 삶'이 아니라 '용서하는 자유롭고 행복한 삶'으로 변화될 것입니다.

시간과 노력을 투자해서 열심히 작업을 수행하는 만큼 당신은 과거의 아픈 상처의 덫에서 벗어나서 자유롭고 행복하게 살 수 있을 것입니다. 더 나아가서 그 상처의 덫에 함께 갇혀 있던 당신의 부모, 자녀, 배우자, 친구들에게도 자유와 행복을 선물하게 될 것입니다.

차 례

제2부 용서구하기

제1부

용서하기

다음에 부모 용서하기 프로그램에 참석한 어느 대학생의 이야기
가 제시되어 있습니다. 이 사례를 읽으면서 부모에게 깊은 상처를
받은 자녀의 고통을 느껴 보고, 어떻게 용서가 그 상처를 치유하는
지를 살펴보십시오.

부모 용서하기 프로그램에 참석한 대학생의 이야기

　나는 어머니에게서 받은 상처를 묻어 두려고 많이 노력했기 때
문에 잊은 줄 알았습니다. 그런데 지금 이 프로그램에 참여하여 상
처에 대해서 떠올리는 순간 나는 너무 힘들고, 무섭고, 떨립니다.
어렸을 때 엄마가 나를 왜 그렇게 때렸는지 나는 아직도 잘 모르겠
습니다. 학습지를 잘 못해서, 내 목소리가 너무 작다고, 얼굴을 찌
푸린다는 등등 지금까지도 이해할 수 없는 작은 이유들을 대서 엄
마는 나를 자주 때렸습니다. 집에 들어가기가 죽기보다 싫었고, 언
제나 저녁이 돼서 아빠가 오기만을 기다렸습니다. 지금도 그때 일
을 생각하면 눈물이 쏟아집니다.

　그런데 너무 힘들기는 하지만 용서 프로그램에 참여해서 상처
에 대해서 생각해 보는 시간을 갖게 된 것이 큰 도움이 되었습니
다. 그리고 어머니에 대해 생각해 보고, 이해하려고 노력하고, 나아
지려고 노력한 것도 많은 도움이 되었습니다. 또 프로그램을 통해
서 내가 상처 받은 것을 용서하려면 어떻게 해야 하는지에 대해서
배우고, 다른 사람에게 적용해 보면서 '내가 이 프로그램에 꾸준히
나오길 정말 잘했구나!'하는 생각이 들었습니다.

　이 프로그램을 하면서 엄마뿐만 아니라 다른 가족과의 관계도

더 좋아졌습니다. 함께 노력해 주시는 아빠, 프로그램 과제를 하면서 내 이야기를 들어주시는 엄마……. 그래서인지 집안 분위기가 조금씩 화목해지고, 동생도 변화된 분위기에 놀라면서도 적응해 가고 있습니다. 앞으로 엄마와 함께 보내는 시간을 더욱 구체적으로 계획해 보려고 합니다.

● 부모 용서하기 프로그램은 부모에게서 상처를 받은 대학생들을 대상으로 7주간 진행된 집단상담 프로그램입니다.

01 나는 어떤 상처를 받았을까

당신이 품고 있는 증오는 가슴 속의 죽지 않은 석탄 덩어리라서
다른 누구보다 당신 스스로에게 더 치명적이에요.

- 라와나 블랙웰-

용서를 하려면 용서의 대상이 있어야 합니다. 그래서 제1장에서
는 먼저 용서하기의 대상을 찾는 것부터 시작합니다.

1. 내가 받은 상처 체크리스트 작성

용서하기의 대상을 찾기 위해서는 [활동지 1-1: 내가 받은 상처
체크리스트]를 활용합니다.

이 책에서는 엄마에게 상처를 받은 선희와 남편에게 상처를 받은
희수의 사례를 중심으로 용서와 화해의 과정을 설명합니다. 그러면
먼저 선희와 희수가 작성한 상처 체크리스트를 통해서 그들이 어떤
상처를 받았는지 살펴봅시다.

◈ **선희의 상처 체크리스트 작성(엄마에게 상처받음)**

대학생인 선희는 학교에서 심리학 강의를 듣다가 담당교수의 추
천으로 학교에서 실시하는 대인관계 프로그램에 참여하게 되었습니
다. 이 프로그램은 부모 용서하기 프로그램으로, 어머니에게 상처 받
은 대학생들이 소집단으로 모여 전문 상담가의 도움을 받으면서 어
머니에 대한 용서를 실천해 보는 것으로, 7주 동안 진행되었습니다.

선희는 자신이 왜 이 프로그램의 대상자가 되었는지 궁금했습니
다. 나중에 전문 상담가에게 물어보았더니 그 전에 심리학 수업시
간에 실시한 어머니와 자녀의 갈등을 평가하는 검사에서 선희의 갈

등점수가 높게 나왔기 때문이라고 했습니다.

　용서 프로그램의 첫 번째 단계는 용서의 대상이 되는 상처를 찾아내는 단계로서 선희는 어머니에게 받은 상처를 찾아내기 위해서 [활동지 1-1: 내가 받은 상처 체크리스트]를 작성했습니다.

활동지 1-1: 내가 받은 상처 체크리스트(선희)

* 우리는 살아가면서 가끔씩 다른 사람에게 상처를 받아 힘들 때가 있습니다. 어떤 사람이 나를 너무나 부당하게, 그리고 상당히 아프게 했던 경험을 한 가지만 생각해 보십시오. 힘들겠지만 언제, 어떤 일이 일어났는지, 나에게 어떤 영향을 미치고 있는지를 자세히 떠올려 보십시오. 그 후에 다음의 질문에 대답하십시오.

1. 언제 그 일이 발생했습니까?

_____ 일 전 _____ 주 전 _____ 달 전
____2____ 년 전

2. 그 일로 인해 당신은 얼마나 상처를 받았습니까?

전혀 상처를 받지 않음				매우 많은 상처를 받음
1	2	3	④	5

● **잠깐!**

① 2번 질문에서 3점 이상이라고 대답한 경우에만 다음 질문으로 넘어 가십시오.

② 3점 이하인 경우에는 당신을 많이 아프게 했던 다른 상처 경험을 떠올린 후 1번 질문부터 다시 시작하십시오.

3. 누구와 어떤 일이 있었습니까? (최대한 구체적으로 적어 보십시오.)

　수능을 보고 안 좋은 결과가 나오자 매일 엄마에게 구박 받고, 매를 맞기까지 했다. 이때 엄마에게 상처 되는 말을 정말 많이 들었다.

4. 그 일이 당신에게 어떤 상처를 주었습니까? 그 상처가 당신에게 미치는 영향은 무엇입니까? (최대한 구체적으로 적어 보십시오.)

　나 자신도 힘들어 죽겠는데 엄마가 옆에서 더 힘들게 하니까 도저히 집에 있을 수가 없어서 며칠간 가출했다. 엄마와의 관계는 그때가 최악이었고, 그 후로도 엄마가 불편하다. 집에서는 엄마랑 말도 잘 안 한다.

　수능을 못 본 내 잘못도 있지만 엄마가 나를 무시하고 함부로 대하는데 적극적으로 저항하지 못한 것이 지금도 후회된다. 엄마에게 혼나면서 더욱더 내 자신이 바보 같고 실패자라는 생각이 들었다. 이 세상에 나를 이해하고 위로해 주는 사람이 하나도 없다는 생각도 들었다. 엄마에게 화가 나고 바보 같은 나 자신에게도 화가 났다.

　엄마는 지금도 내가 다니는 대학교에 만족하지 못하고 이것저것 많은 것을 요구한다. 그것 때문에 모든 일에 자신이 없고 많이 불안하다.

◈ 희수의 상처 체크리스트 작성(남편에게 상처받음)

희수는 남편의 외도로 큰 충격을 받고 나서 잠도 자지 못하고 고민하다가, 친한 친구인 경희에게 그 사실을 털어놓았습니다. 경희는 대학 상담실에서 전문 상담가로 일하고 있는데, 희수가 너무 힘들어하자 어느 날 희수에게 '용서하기 프로그램 안내서'를 가져다주었습니다. 이 프로그램은 대학생인 선희가 참여하였던 프로그램으로, 7주 동안 용서하기의 과정을 단계적으로 실천해 보는 것이며, 집단으로 하거나 개인적으로 할 수 있게 되어 있습니다.

경희는 희수에게 일단 그 안내서를 읽어 보고, 마음이 내키면 안내서를 따라 해 보라고 조언해 주었습니다. 희수는 경희의 성의를 생각해서 용서하기 프로그램 안내서를 읽어 보았습니다. 처음에는 용서라는 말이 상당히 거슬렸지만 용서는 다른 사람이 아닌 상처받은 당사자를 치유하고 회복시켜 주는 좋은 방법이라는 글을 읽고 나서, 자신을 위해 안내서를 따라 해 보는 것도 좋겠다는 생각이 들었습니다.

다음은 안내서에 따라 희수가 작성한 상처 체크리스트입니다.

활동지 1-1: 내가 받은 상처 체크리스트(희수)

* 우리는 살아가면서 가끔씩 다른 사람에게 상처를 받고 힘들 때가 있습니다. 어떤 사람이 나를 너무나 부당하게, 그리고 상당히 아프게 했던 경험을 한 가지만 생각해 보십시오. 힘들겠지만 언제, 어떤 일이 일어났는지, 나에게 어떤 영향을 미치고 있는지

를 자세히 떠올려 보십시오. 그 후에 다음의 질문에 대답하십시오.

1. 언제 그 일이 발생했습니까?

_____ 일 전 _____ 주 전 _____ 달 전
_____*1*_____ 년 전부터 최근까지

2. 그 일로 인해 당신은 얼마나 상처를 받았습니까?

전혀 상처를   매우 많은
받지 않음   상처를 받음
   1   2   3   4   ⑤

● 잠깐!

① 2번 질문에서 3점 이상이라고 대답한 경우에만 다음 질문으로 넘어가십시오.

② 3점 이하인 경우에는 당신을 많이 아프게 했던 다른 상처 경험을 떠올린 후 1번 질문부터 다시 시작하십시오.

3. 누구와 어떤 일이 있었습니까? (최대한 구체적으로 적어 보십시오.)

   남편이 회사 여직원과 바람을 폈다. 회사일 때문에 바빠서 야근하고, 주말에도 일하러 나간다는 말은 거짓말이었다. 그런데 이 사실을 나는 1년 동안이나 깜쪽같이 모르고 있었다.

4. 그 일이 당신에게 어떤 상처를 주었습니까? 그 상처가 당신에게

> **미치는 영향은 무엇입니까? (최대한 구체적으로 적어 보십시오.)**
>
> 남편에 대한 배신감과 분노가 너무 크다. 어떻게 나를 감쪽같이 속이고 1년 동안이나 다른 여자를 만날 수 있었는지! 그리고 너무 억울하다. 나는 남편과 아이들을 위해서 모든 것을 희생했는데, 남편은 바쁘다는 핑계로 자기 것은 다 챙기면서 심지어 바람까지 피다니!
>
> 남편을 철썩같이 믿은 내가 바보 같고 그런 나에게 너무 화가 난다. 이 세상이 너무 불공평하다는 생각도 든다. 여자만 희생해야 하고, 착하게 살아도 이용만 당하고……. 과연 이 세상이 공정한 것인지 정의가 있는지 의심이 든다.
>
> 그리고 하루하루를 견디기가 너무 힘들다. 밥맛도 없고, 잠도 안 오고, 아이들도 귀찮기만 하다. 너무 창피해서 사람을 만나기도 싫다. 그래서 요즘은 거의 집에만 있는다.

상처 체크리스트를 작성하는 일은 매우 마음이 불편한 일입니다. 자신을 아프게 하는 상처를 떠올리는 것은 매우 힘든 일이기 때문입니다. 그래서 우리는 의식적 또는 무의식적으로 자기 자신을 보호하기 위해서 아픈 상처를 최대한 부인하고 회피하는 경향이 있습니다. 그러나 상처를 제대로 치유하기 위한 첫 번째 단계는 상처에 직면하는 것입니다. 즉, 당신이 상처를 받았다는 것을 확실하게 깨닫는 것입니다.

필자는 대학생들을 대상으로 부모 용서하기 프로그램을 실시한 적이 있습니다. 부모에게서 받은 심각한 상처를 써 보라고 하자 유독 한 학생이 많이 울었습니다. 제일 앞부분에 제시한 사례에 나오는 그 학생은 어릴 적에 어머니에게 자신이 이해할 수 없는 사소한 이유로 매를 많이 맞았다고 합니다. 그 상처가 너무 커서 기억하지 않으려고 애를 써서 그동안 잊고 있었는데 갑자기 상처 이야기를 하니까 생각이 나서 계속 눈물이 난다고 말했습니다. 그럼에도 불구하고 나중에 그 학생은 애써 묻어 두려고 노력했던 상처를 기억하는 기회를 가진 것이 오히려 큰 도움이 되었다고 말했습니다.

앞에 제시한 상처 체크리스트에서는 상처의 심각성 점수가 3점 이상인 상처를 찾아보라고 했습니다. 왜 그럴까요? 용서는 사소한 상처보다는 깊은 상처를 치유하는 데 효과적인 방법이기 때문입니다. 친구가 약속 시간을 안 지켰다거나 엄마가 쓸데없는 잔소리를 하는 등의 사소한 상처는 당신에게 크게 부정적인 영향을 미치지 않기 때문에 굳이 이 책에서 제시하는 용서하기의 작업을 자세하게 수행할 필요가 없습니다. 당신이 제대로 용서하는 방법을 배우기 위해서는 당신이 받은 상처 중에서 심각한 상처를 대상으로 하는 것이 좋습니다.

반면에 너무 심각한 상처도 첫 번째 용서하기 작업의 대상으로 좋지 않을 수 있습니다. 상처가 너무 깊으면 분노와 증오가 너무 커서 용서의 과정을 따라가기가 너무 힘들기 때문입니다. 따라서 당신이 용서하기 작업을 연습하는 초기에는 상처의 심각성이 3~4점 정도의 상처를 선택하는 것이 좋습니다. 아주 깊은 상처는 당신이 용서하기를 여러 번 연습해 보고 나서, 용서하기 작업에 익숙해지고 어느 정도 자신감이 생겼을 때 다루는 것이 좋습니다.

2. 내게 상처를 준 사람

앞에 제시한 사례에서 선희는 엄마에게 상처를 받았고, 희수는 남편에게 상처를 받았습니다. 그렇다면 우리나라 사람들은 누구에게 상처를 많이 받을까요?

다음 그림에서 보는 것처럼 우리나라 성인들(대학생과 부모들)은 친구와 가족과 같은 가까운 사람들에게 상처를 많이 받는 것으로 나타났습니다. 대학생과 부모 간에 차이가 있는데, 대학생은 친구와 애인에게 상처를 많이 받는 반면, 부모는 가족과 직장 생활 관련자(직장상사나 동료)에게서 받은 상처가 가장 많았습니다. 부모의 경우

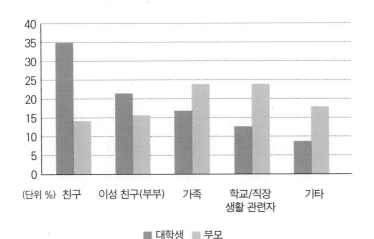

[그림 1-1] 내게 상처를 준 사람(가해자)

출처: 오영희, 2006.

부부까지 가족에 포함시키면 41.3%가 가족에게 받는 상처였습니다. 특히 결혼한 여성들은 시부모나 시형제 등 시집 식구에게 받은 상처가 많았습니다.

이처럼 내가 받은 깊은 상처는 가족과 친구와 같은 가까운 사람에게서 옵니다. 그 때문에 내게 미치는 부정적인 영향력도 크고, 그 상처를 해결해야 할 필요성도 큽니다. 특히 부모에게서 받은 상처를 해결하는 일은 아주 중요합니다.

다음은 부모 용서하기 프로그램에 참여한 대학생이 자신의 상처에 대해서 쓴 글입니다.

> 어머니는 자주 화가 나 있습니다. 왜, 무엇 때문에 내게 화를 내시는지 나는 알 수 없습니다. 큰소리로 욕을 하고 폭언을 하시지만 그게 무슨 소리인지 나는 알아들을 수가 없습니다. 내게 윽박도 지릅니다. 그러면 나는 제발 조용히 해 달라고 소리칩니다.
>
> 어머니가 죽어 버렸으면 좋겠다는 생각이 듭니다. 나도 죽어 버리고 싶은 생각이 듭니다. 나는 어머니가 화를 내실 때면 내 방으로 들어가 문을 쾅 닫아 버립니다. 문을 잠그고 시끄러운 음악을 크게 틀어 놓습니다. 그리고 엉엉 울어 버립니다.

너무나 안타까운 상황입니다. 어머니는 자주 화가 많이 나 있고, 자녀는 이유도 모른 채 어머니의 화풀이 대상이 되어서 깊은 상처를 받고 있습니다. 왜 어머니가 이렇게 하는 것일까요?

이런 경우에는 어머니의 부모를 점검해 볼 필요가 있습니다. 즉, 한 세대를 올라가서 어머니의 부모가 집안에서 자녀에게 이유도 없이 화를 자주 냈고, 그것을 그대로 어머니가 배워서 자신의 자녀에게 되풀이하고 있을 가능성이 아주 높습니다.

이 때문에 엔라이트 박사는 용서의 대상을 선택할 때 부모를 우선적으로 고려해 볼 것을 제안합니다. 왜냐하면 매일 함께 생활하는 부모와 자녀들 간의 상처는 매우 심각한 영향을 미치고, 특히 여러 세대를 거쳐서 전달될 가능성이 크기 때문입니다. 내 부모로부터 받은 상처 때문에 내가 부정적인 영향을 받고, 그것이 내 자녀에게까지 영향을 미치게 되는 것입니다.

당신은 어떠한가요? 당신은 부모님에게 깊은 상처를 받은 적이 있습니까? 그것은 당신의 삶에 어떤 영향을 미쳤습니까? 어릴 적 부모님이 자주 화를 내서 당신도 쉽게 화를 내는 성격이 된 것은 아닐까요? 부모님이 당신을 때려서 당신도 배우자나 애들을 때리게 된 것은 아닐까요? 그래서 현재 당신의 친구, 배우자, 자녀들에게 상처를 주고 있는 것은 아닐까요?

그렇다고 당신이 무조건 용서의 대상으로 제일 먼저 부모를 선택하라는 것은 아닙니다. 당신이 용서하고 싶은 사람이라면 누구나 첫 번째 대상으로 선택할 수 있습니다. 그러나 나중에라도 혹시 부모에게 상처를 받은 적은 없는지, 그 상처가 현재의 나의 삶에 영향을 미치고 있지는 않은지, 그래서 용서하고 치유할 필요는 없는지를 신중하게 점검해 볼 필요가 있습니다.

3. 상처가 내게 미치는 영향

내가 받은 상처는 지금 현재 나에게 어떤 영향을 미치고 있을까요? 앞에서도 말했지만 상처를 치유하는 첫 번째 단계는 내가 받은 상처를 직면하는 것입니다. 그러기 위해서는 상처가 현재 내게 미치는 영향을 자세하게 파악하는 것이 중요합니다. 우리에게 중요한 것은 현재입니다. 따라서 상처의 영향도 과거가 아니라 현재 내게 미치는 영향을 점검하는 것이 필요합니다.

깊은 상처를 받게 되면 가장 많이 나타나는 것이 부정적인 기분입니다. 피해자는 상처를 준 사람에 대한 강한 분노와 배신감을 느끼고, 부당한 상처를 받아서 억울하고, 우울하고, 불안해합니다. 또 피해자는 자신이나 세상에 대한 생각이 부정적으로 바뀌기도 합니다. 그래서 자신이 무능하고 약해서 상처를 받았다고 생각하면서 자신을 비하하고, 상처를 준 가해자를 불신하며, 정의가 실현되지 않는 이 세상이 불공평하다고 생각합니다. 또한 상처의 영향은 행동으로 나타나기도 합니다. 잠이 안 오고, 식욕이 없고, 집안일을 하기 힘들고, 학교나 직장 생활을 제대로 하기 힘들며, 상대방과의 관계가 나빠지고, 더 나아가서 다른 인간관계까지 나빠집니다.

내가 받은 상처를 평가해 보기 위해서 다음의 [활동지 1-2: 상처가 내게 미치는 영향 평가표]를 이용하면 좋습니다. 상처가 각 항목별로 얼마나 내게 영향을 주고 있는지를 점수로 표시해 보십시오. 영향 점수는 0점(영향이 전혀 없음)에서 6점(영향이 매우 심함)으로 표

시합니다. 항목 하나하나에 점수를 매겨 보면서 내가 받은 상처의
영향을 자세히 점검해 볼 수 있을 것입니다.

　다음은 엄마에게 상처 받은 선희가 작성한 평가표입니다.

활동지 1-2: 상처가 내게 미치는 영향 평가표(선희)

내가 받은 상처: 2년 전 수능 결과가 나쁘게 나오자 엄마가 나를 때리
고 욕한 것

영향 점수:

전혀 없음			중간		매우 심함	
0	1	2	3	4	⑤	6

기분:

화가 난다.	5	배신감을 느낀다.	5
우울하다.	5	억울하다.	4
불안하다.	5		

기타 기분　매를 맞은 나도 창피하고, 나를 때린 엄마도 창피하다.

생각:

상대방을 믿지 못하게 되었다.	5
이 세상이 불공평하다는 생각이 든다.	5
내가 약하고 무능력하다는 생각이 든다	5

상처에 대해서 반복해서 계속 생각하게 된다.   3

기타 생각   이 세상에 나를 이해해 주는 사람이 아무도 없다는

생각이 자주 든다.

행동:

상대방과의 관계가 나빠졌다.   6

식욕도 없고 잠도 잘 못 잔다.   3

집안일/학교/직장 생활을 하기 힘들다.   4

사람들을 피한다.   5

기타 행동   그 당시 가출했었다.

사람들과 친밀한 관계를 맺기 어렵다.

실습: 당신에게 적용하기

1. '내가 받은 상처 체크리스트' 작성하기

이제는 당신 차례입니다. 당신이 직접 용서하기 작업을 하려면 당신이 어떤 상처를 받았는지를 찾아내야 합니다. 잠시 시간을 내어 차분히 다음의 상처 체크리스트를 작성해 보십시오.

활동지 1-1: 내가 받은 상처 체크리스트

* 우리는 살아가면서 가끔씩 다른 사람에게 상처를 받고 힘들 때가 있습니다. 어떤 사람이 나를 너무나 부당하게, 그리고 상당히 아프게 했던 최근의 경험을 한 가지만 생각해 보십시오. 힘들겠지만 언제, 어떤 일이 일어났는지, 나에게 어떤 영향을 미치고 있는지를 자세히 떠올려 보십시오. 그 후에 다음의 질문에 대답하십시오.

1. 언제 그 일이 발생했습니까?

_____ 일 전 _____ 주 전 _____ 달 전
_____ 년 전

2. 그 일로 인해 당신은 얼마나 상처를 받았습니까?

전혀 상처를   매우 많은
받지 않음   상처를 받음

   1   2   3   4   5

● 잠깐!

① 2번 질문에서 3점 이상이라고 대답한 경우에만 다음 질문으로 넘어
가십시오.

② 3점 이하인 경우에는 다시 한번 당신을 많이 아프게 했던 다른 상처
경험을 떠올린 후, 1번 질문부터 다시 시작하십시오.

3. 누구와 어떤 일이 있었습니까? (최대한 구체적으로 적어 보십시오.)

----

4. 그 일이 당신에게 어떤 상처를 주었습니까? 그 상처가 당신에게
미치는 영향은 무엇입니까? (최대한 구체적으로 적어 보십시오.)

상처 체크리스트를 다 작성했습니까? 아마 지금쯤 당신의 마음이 매우 불편할 수도 있습니다. 그러나 상처를 제대로 치유하기 위한 첫 번째 단계는 상처에 직면하는 것임을 기억하십시오. 당신이 어떤 상처를 받았는지를 확실하게 그리고 구체적으로 깨달을수록 당신은 더욱더 상처를 치유할 필요성을 느끼게 되고, 제대로 된 치유가 이루어질 것입니다.

상처의 심각성 점수가 3점 이상인 상처를 찾는 것이 중요합니다. 용서는 사소한 상처보다는 깊은 상처를 치유하는 데 효과적인 방법이기 때문입니다. 반면에 너무 심각한 상처도 첫 번째 용서하기 작업의 대상으로 좋지 않을 수 있습니다. 상처가 너무 깊으면 분노와 증오가 너무 커서 용서의 과정을 따라가기가 너무 힘들기 때문입니다. 따라서 당신이 용서하기 작업을 연습하는 초기에는 상처의 심각성이 3~4점 정도의 상처를 선택하는 것이 좋습니다. 아주 깊은 상처는 당신이 용서하기를 여러 번 연습해 보고 나서, 용서하기 작업에 익숙해지고 어느 정도 자신감이 생겼을 때 다루는 것이 좋습니다.

당신의 첫 번째 용서하기 작업에 적합한 상처를 찾기 위해서 상처 체크리스트를 여러 번 작성해 보십시오. 만일 한 사람에게 여러 번의 상처를 받았을 경우에는 어떻게 할까요? 그 경우에는 각각의 상처를 하나씩 독립적으로 평가하는 것이 좋습니다. 예를 들어, 친구에게서 큰 상처를 세 번 받았다면 세 개의 상처 체크리스트를 작성하십시오.

2. 상처가 내게 미치는 영향

당신이 선택한 상처가 지금 현재 당신에게 미치는 영향은 무엇입니까? 보다 구체적으로 상처를 받고 나서 어떤 부정적인 기분과 생각이 들었습니까? 당신의 일상생활과 인간관계에는 어떤 부정적인 영향을 미치고 있습니까? 다음의 활동지를 이용해서 평가해 보십시오.

상처가 각 항목별로 현재 얼마나 내게 영향을 주고 있는지를 점수로 평가해 보십시오. 영향 점수는 0점(영향이 전혀 없음)에서 6점(영향이 매우 심함)으로 표시합니다. 항목 하나하나에 점수를 매겨 보면서 당신이 받은 상처의 영향을 자세히 점검해 보십시오.

활동지 1-2: 상처가 내게 미치는 영향 평가표

내가 받은 상처:

- -

영향 점수:

전혀 없음			중간			매우 심함
0	1	2	3	4	5	6

- -

기분:

화가 난다. _____   배신감을 느낀다. _____

우울하다. _____   억울하다. _____

불안하다. _____

기타 기분 _____

_____

생각:

상대방을 믿지 못하게 되었다.   _____

이 세상이 불공평하다는 생각이 든다.   _____

내가 약하고 무능력하다는 생각이 든다.   _____

상처에 대해서 반복해서 계속 생각하게 된다.   _____

기타 생각 _____

_____

행동:

상대방과의 관계가 나빠졌다.   _____

식욕도 없고 잠도 잘 못 잔다.   _____

집안일/학교/직장 생활을 하기 힘들다.   _____

사람들을 피한다.   _____

기타 행동 _____

_____

02 용서하기란 무엇일까

당신에게 상처를 주는 사람을 당신의 마음에서 놓아주라.
그 상처를 더 이상 붙들지 마라.
상처를 준 사람을 어떻게 놓아줄 수 있는가?
용서하는 것, 그것만이 그들을 놓아주는 유일한 방법이다.
그들이 용서를 구할 때까지 기다리지 마라.
왜냐하면 용서는 그들보다 당신 자신을 위한 것이기 때문이다.

-릭 워렌 -

용서하기에 대한 사람들의 반응은 크게 세 가지가 있습니다.

첫째, 보류형입니다. 용서가 좋은 것 같은데 상처를 생각하기가 싫고, 또 용서가 복잡하고 귀찮아서 그냥 상처를 묻어 두고 살아가는 것입니다.

둘째, 찬성형입니다. 용서가 필요하다는 것을 알고 적극적으로 용서를 실천해 보려고 하는 것입니다.

셋째, 반대형입니다. 얼마 전 필자는 학교폭력에 대한 심포지엄에서 사회를 본 적이 있습니다. 한 발표자가 공격적 피해자를 위한 용서 프로그램을 발표하였는데, 특히 학교폭력 피해자의 부모들이 상당히 부정적인 반응을 보였습니다.* 가해자들에 대한 처벌도, 피해자들에 대한 대책도 제대로 이루어지지 않고 있는데 무슨 용서냐는 것입니다.

용서하기에 대해서 사람들이 부정적인 반응을 보이는 가장 큰 이유는 용서하기에 대한 오해 때문입니다. 따라서 용서를 제대로 이해하는 것이 용서의 길에서 가장 먼저 통과해야 하는 관문입니다.

이 장은 당신이 누군가를 용서하는 구체적인 작업을 시작하기 전에 용서에 대해서 올바르게 이해하도록 도와줍니다. 당신이 용서에 대해서 제대로 이해할수록 실제 생활에서 용서를 잘 실천할 수 있

---

* 공격적 피해자는 피해/가해자라고 하는데, 학교폭력의 피해자가 다른 학생들을 공격하는 가해자가 된 것입니다. 공격적 피해자는 가해자나 단순 피해자 집단보다도 학습, 사회, 심리, 그리고 정신건강 등 전반적인 영역에 걸쳐 심각하게 취약한 집단이고, 폭력의 악순환을 가져오는 위험한 집단이기도 합니다.

습니다. 따라서 다소 지루하거나 어렵게 느껴지더라도 용서에 대해서 충분히 이해될 때까지 꼼꼼히 읽어 봅시다.

그렇다면 용서하기란 무엇일까요? 왜 용서하기에 대한 오해가 생기는 것일까요? 용서하기가 왜 필요하며, 용서하기의 문제점은 무엇일까요?

1. 용서하기의 정의

용서하기란 무엇이라고 생각합니까?

사람들은 용서하기를 이해하는 것, 상대방을 포용하고 사랑하는 것, 자기 성장과 변화를 위한 것, 자기 위안, 잊어버리는 것, 상대방이 잘못을 인정하고 사과하는 것, 관계 개선 등으로 다양하게 이해합니다.

용서를 하는 데 조건이 필요할까요? 가해자가 피해를 보상해 주거나 아니면 적어도 진심 어린 사과 정도는 해야 하지 않을까요? 아니면 아무 조건 없이 용서하는 것일까요?

용서는 좋은 것일까요 아니면 나쁜 것일까요? 용서는 상처 받은 사람이 느끼는 분노와 배신감 등의 부정적인 감정을 치유해 주고 자기 성장과 변화를 가져오며 때로는 관계를 개선시켜 주기 때문에 상당히 유익하다고 주장하는 사람들이 있습니다. 반면에 용서는 나쁘고 심지어 위험하기까지 하다는 사람들도 있습니다. 예를 들어, 가정폭력을 휘두르는 남편을 부인이 용서해 주면 그 남편은 계속

폭력을 사용하게 돼서 부인이 위험할 수도 있다는 것입니다.

용서를 실천하고 싶으면 용서의 정의를 잘 이해하는 것이 매우 중요합니다. 그런데 용서에 대한 정의는 용서의 어떤 측면을 보느냐에 따라 달라집니다.

첫째, 용서를 하는 사람과 용서를 구하는 사람의 용서는 크게 다릅니다. 둘째, 용서를 하는 사람의 입장에서도 누구를 용서하느냐에 따라 달라지는데, 다른 사람을 용서하는 대인용서, 자신을 용서하는 자기용서, 태풍이나 경제 위기와 같은 상황을 용서하는 상황용서, 신을 용서하는 용서 등이 있습니다.

이 책에서는 나에게 상처를 주거나 내가 상처를 입힌 사람을 용서하는 대인용서에 대해서만 다루고 있습니다. 그리고 제1부에서는 내가 상대방을 용서하는 것(용서하기), 제2부에서는 내가 상대방에게 용서를 구하는 것에 대해서 이야기합니다(용서구하기). 따라서 앞으로 제1부에서 '용서'라는 용어를 쓰는 경우에는 용서하기를 의미한다는 것을 기억해 두십시오.

먼저 나에게 상처를 입힌 사람을 용서한다는 것은 무엇을 의미할까요? 사람마다 차이가 있지만 진정한 용서하기는 '내가 다른 사람에게서 부당하고 깊은 상처를 받은 후에 생겨나는 부정적인 반응을 극복하고, 더 나아가서 긍정적인 반응을 보이는 것'이라고 정의할 수 있습니다.

다음에서 진정한 용서하기의 정의를 자세히 살펴봅시다.

1) 용서하기는 다른 사람에게서 부당하게 깊은 상처를 받았을 때 일어나는 행위입니다

부당하다는 것은 우리가 옳다고 생각하는 정의(正義)에 어긋나는 것을 말합니다. 예를 들어 봅시다. 어떤 사람이 빈둥거리며 놀다가 직장 상사에게 혼났다면 그 사람은 부당한 상처를 입은 것이 아닙니다. 그러나 열심히 일해서 좋은 성과를 냈음에도 불구하고 상사가 성과를 빼앗고 무능하다고 질책까지 했다면 이것은 매우 부당한 일이어서 크게 상처 받게 되므로 용서의 대상이 됩니다.

또한 용서는 사소한 상처보다는 깊은 상처를 치유하는 데 적합합니다. 약속 시간에 늦은 것, 설거지를 도와주지 않는 것 등의 사소한 상처는 참을 수 있고 쉽게 잊을 수 있으며 그로 인해서 인간관계가 크게 나빠지지는 않기 때문에 굳이 용서가 필요하지는 않습니다. 반면에 나쁜 거짓말, 이간질, 폭력, 외도 등의 깊은 상처는 그냥 참기가 너무 힘들고 쉽게 잊을 수도 없으며 사람 사이를 갈라놓기 때문에 보다 근본적으로 상처를 치료해 주며, 다시 상대방과 화해하고 결합할 가능성을 제공해 주는 용서가 필요합니다.

2) 용서하기는 정의 실현에 대한 자신의 권리를 어쩔 수 없이 포기하는 나약하고 수동적인 해결방법이 아니라 적극적인 자기 치유와 회복의 방법입니다

용서는 정의를 추구할 용기와 힘이 없을 때 마지 못해서 하는 것이기 때문에 비겁하고 나약한 행위라고 비난하는 사람들이 있습니다. 그러나 진정한 용서를 하려면 큰 용기와 힘이 있어야 합니다. 예

를 들어, 남편의 외도로 크게 상처 받은 희수가 용서하려면 자신의
상처를 직면하는 용기가 필요하고, 손쉬운 회피나 복수가 아니라
어려운 용서를 스스로 선택하고 실천하기 위한 정신적인 힘이 필요
합니다. 인류의 위대한 스승인 간디는 "약한 자는 절대 누군가를 용
서할 수 없다. 용서는 강한 자의 특권이다."라고 말했습니다.

3) 진정한 용서하기는 무조건적으로 일어납니다

많은 사람들이 가해자의 사과나 피해보상 같은 조건이 충족된 후
에야 용서할 수 있다고 생각합니다. 그러나 사과나 보상이 용서하
는 데 도움이 되기는 하지만 그것이 꼭 있어야 용서할 수 있는 것은
아닙니다. 진정한 용서는 그것이 없어도 사랑, 자비, 동정의 마음에
서부터 무조건적으로 일어납니다.

사과와 보상을 요구하는 조건적 용서는 오히려 피해자에게 좋지 않
습니다. 왜냐하면 피해자를 더욱더 깊이 상처의 덫에 걸리도록 만들
기 때문입니다. 예를 들어, 남편의 외도로 큰 상처를 받은 희수가 남
편이 진심으로 사과해야 용서할 수 있다고 한다면 희수는 남편의
행동을 계속 살피게 되고, 남편이 사과하기 전까지 계속 상처를 받
아야 하며, 더 나아가서 남편이 사과하지 않으면 또 다른 상처를 받
게 될 수도 있습니다.

용서는 무조건적으로 상대방과 관계없이 내 안에서 스스로 만들
어 내는 자발적이고 자유로운 행동입니다. 무조건적인 용서는 조건
적 용서보다 내가 스스로 더 자유롭게 용서를 실천할 수 있게 해 줍
니다.

4) 진정한 용서하기의 결과는 부정적인 기분, 생각, 행동이 모두 변화하는 것입니다

용서를 하게 되면 상처를 받은 뒤에 생겨난 부정적인 기분, 생각, 행동이 모두 변화합니다. 예를 들어, 희수가 외도한 남편을 용서한다는 것은 단지 남편에게 복수하는 행동을 멈추거나 말로만 용서했다고 하는 데서 그치는 것이 아닙니다. 밖으로 나타나는 행동뿐만 아니라 자신 안에 가지고 있는 부정적인 감정과 생각까지 변해야합니다. 가장 바람직한 결과는 남편에 대해서 좋은 감정을 가지고, 좋게 생각하고, 호의적으로 행동하는 것까지를 포함합니다.

5) 용서하기와 정의 실현은 다릅니다

용서를 하게 되면 가해자의 부당한 행동을 묻어 두거나 용납해 줘야 하기 때문에 정의 실현에 방해가 된다고 오해해서 용서를 거부하는 사람들이 있습니다. 그러나 용서하기와 정의 실현은 별개이고, 오히려 용서하기의 출발점이 정의 실현의 출발점과 일치한다고 볼 수 있습니다. 왜냐하면 상대방이 분명히 정의에 어긋나는 일을 해서 나에게 부당한 상처를 입혔다는 것을 확인하는 데서 용서가 시작되기 때문입니다. 용서는 내가 부당하게 상처를 받았음에도 불구하고 복수의 원리보다는 사랑과 자비의 원리로 상대방을 대하려고 노력하는 것을 말합니다. 더 나아가서 다시는 그런 부당한 일이 일어나지 않도록 또는 정의를 실현하기 위해서 내가 노력하는 것도 용서에 포함됩니다.

예를 들어, 희수의 경우에 남편이 다른 여자와 바람을 피운 것은 매우 부당한 행동입니다. 여기서 남편을 용서한다는 것은 남편의 외도가 나쁘다는 것을 분명하게 인정하지만 그럼에도 불구하고 남편에 대한 분노를 표현하거나 보복행동을 하지 않는 것을 말합니다. 그러나 부당한 일을 바로 잡고 정의를 실현하는 일도 용서와 함께 추구해야 합니다. 즉, 남편의 외도에 대해서 단호하게 나쁘다고 하고, 남편의 책임을 묻고, 다시는 그런 부당한 일이 발생하지 않도록 조치를 취하는 일도 용서와 함께 이루어져야 합니다. 필요하다면 용서를 하고 나서 이혼을 할 수도 있습니다.

6) 용서하기와 화해하기는 다릅니다

용서하기와 화해하기를 같은 것으로 오해하고 용서가 위험하다고 생각하면서 주저하는 사람들이 있습니다. 예를 들어, 매 맞는 아내가 남편을 용서하게 되면 남편과 화해함으로써 같이 살아야 한다고 생각하기 때문에 용서를 두려워하고 망설이는 것입니다.

그러나 용서하기와 화해하기는 다릅니다. 용서하기는 상대방과 관계없이 내 안에서 진행되는 내적인 과정인 반면에, 화해하기는 상대방과 함께 노력하여 상호 신뢰와 관계를 회복하는 대인관계적 과정입니다. 또한 용서하기는 무조건적으로 할 수 있지만 화해하기에는 조건이 있습니다. 다시 말해서 용서하기를 통해 내적으로 치유되는 데는 조건이 필요하지 않지만 화해하기 위해서는 가해자의 용서구하기, 화해의도, 상호 신뢰 등의 조건이 필요합니다.

특히 가정폭력처럼 심각한 신체적 위험이 있는 경우에는 화해를 위해서 상대방의 진심 어린 반성과 사과뿐만 아니라 가정폭력의 재발을 방지하는 여러 가지 안전조치들이 확실하게 보장되어야 합니다. 그렇지 않은 상황에서 성급하게 화해를 하게 되면 피해자가 다시 폭력을 당할 수도 있고, 최악의 경우에는 보복살인까지 당하는 사례도 있습니다.

2. 거짓 용서하기

용서하기를 올바르게 이해하기 위해서는 진정한 용서하기와 거짓 용서하기의 차이를 명확하게 알아야 합니다. 여기서 거짓 용서하기란 많은 사람들이 용서하기라고 생각하고 있지만 용서하기가 아닌 것을 말합니다.

1) 용서하기는 잊어버리는 것이 아닙니다

용서를 잊어버리는 것이라고 생각하는 사람이 많습니다. 그러나 용서는 상처를 정확하게 기억하고, 직면하고, 이해함으로써 그 상처를 치료하는 방법입니다. 용서를 위해 상처를 기억하는 것을 회복적 기억(restorative remembering)이라고 합니다. 상처로 생겨난 피해를 회복하기 위해서 기억하는 것입니다. 남편의 외도로 상처 받은 희수의 경우에 용서하는 것은 남편의 외도를 잊어버리는 것이 아닙니다. 오히려 남편의 외도를 정확히 기억하되 남편에게 복수하거나 스스로 자책하기 위해서가 아니라 외도로 받은 상처를 직면하고, 치유하고, 회복하기 위해서 기억하는 것입니다.

2) 용서하기는 변명이나 합리화가 아닙니다

상처를 받게 되면 그 상처가 상대방의 책임이 아니라 피치 못할 사정 때문에 생겨난 것이라고 변명하는 경우가 종종 있습니다. 예를 들어, 기러기 아빠여서 남편이 바람을 피우게 된 것이라고 하는 것입니다. 그러나 기러기 아빠라고 해서 남편의 잘못과 책임이 없는 것은 아닙니다. 용서는 상처에 직면하고 정의에 근거해서 부당하다는 것을 분명하게 확인하고 상대방에게 책임을 묻는 것에서 시작합니다.

3) 용서하기는 참거나 용인해 주는 것이 아닙니다

어떤 것을 용서하면 우리는 그것에서 치유되지만 어떤 것을 참게 되면 우리는 계속해서 고통을 받게 됩니다. 예를 들어, 자신을 때리는 남편을 용서한다고 해서 폭력을 참는 것은 절대 아닙니다. 만약에 남편의 폭력행동이 고쳐지지 않으면 용서는 하되 화해는 하지 않고 따로 살아야 합니다.

특히 아이들을 위해서 참고 산다고 말하는 아내들도 있는데 오히려 폭력가정에서 자라는 것이 아이들에게 더 큰 피해를 줍니다. 이런 가정의 아이들은 신체적 · 정신적 장애를 보이며, 폭력을 배워서 범죄자가 되기도 하고, 최악의 경우에는 참다못해서 어머니를 때리는 아버지를 살해하는 존속살인의 비극까지 발생할 수도 있습니다.

폭력은 범죄행위이며, 어떤 경우에도 용납해서는 안 됩니다!

4) 용서하기는 사면 또는 법적 처벌의 면제가 아닙니다

사면은 법률을 집행하는 사람이 법률을 위반한 사람에게 처벌을 면제해 주는 것을 말하는데, 상처를 입은 당사자가 하는 행동이 아니기 때문에 용서와는 구별됩니다. 음주운전을 해서 나를 다치게 한 사람을 내가 용서한다고 해서 그 사람에 대한 법적인 처벌이 면제되는 것은 아닙니다.

3. 다양한 용서하기의 종류

일상생활에서 사람들이 용서하는 것을 자세히 살펴보면 상당한 차이가 있습니다. 첫째, 방편적 용서하기(expedient forgiveness)는 나의 이익을 위한 방편이나 도구로서 용서를 이용하는 것입니다. 예를 들어, 남편의 외도로 상처 받은 희수가 자신이 바람피우는 남편보다 더 훌륭한 인격임을 보여 주기 위해서, 남편이 미안해하고 고마워하도록 만들기 위해서, 남편의 돈과 사회적 지위가 필요해서 용서해 주는 척하는 것입니다. 이런 경우에는 겉으로는 용서하는 행동을 보이지만 자기 안에는 상대방에 대한 멸시와 적의를 가지는 경우가 많습니다.

둘째, 역할기대적 용서하기(role-expected forgiveness)는 주위에서 용서하기를 기대하기 때문에 용서하는 것입니다. 다른 가족이 가정의 평화를 위해서 용서할 것을 기대하니까 희수가 마지못해서 용서하는 것입니다. 이런 용서를 하는 사람들은 겉으로는 용서하는

[그림 2-1] 다양한 용서하기의 종류

행동을 보이지만 내부에는 불안, 두려움, 분노 등이 남아 있는 경우
가 많습니다.

셋째, 진정한 용서하기(intrinsic forgiveness)는 상대방과 동등한
위치에서 자발적으로 상대방을 이해하고 수용하면서 사랑과 자비
의 원리에 따라 무조건적으로 용서하는 것입니다. 이 경우에는 상처
를 입힌 사람에 대한 내적인 태도나 감정에서 좋은 변화가 일어나
고, 진심에서 나오는 호의적인 행동을 보이게 됩니다. 예를 들어, 희
수가 진심으로 남편을 이해하고 수용하면서 조건 없이 용서를 하면
자신의 부정적인 감정이나 생각이 감소되고, 더 나아가서 남편에게
호의적이 됩니다.

당신이 누군가를 용서했던 경험을 떠올려 보십시오. 그때 당신은
어떤 종류의 용서를 했습니까? 방편적 용서하기, 역할기대적 용서
하기, 또는 진정한 용서하기? 그렇게 용서한 결과는 어떠했습니까?

조건 없이 용서를 하는 것이 힘들기는 하지만, 그럼에도 불구하
고 사랑과 자비의 원리에 따라 무조건적으로 진정한 용서를 실천하
는 사람들만이 일상생활에서 자유롭게 용서를 실천할 수 있고, 가

장 바람직한 결과를 가져올 수 있습니다.

4. 용서하기의 필요성

나에게 깊은 상처를 준 사람을 용서하는 것은 어려운 일입니다. 어떻게 보면 '눈에는 눈, 이에는 이'로 복수하는 것이 더 쉽고, 더 속이 후련할 수도 있습니다. 누가 나를 때리면 나도 때리고, 나에게 욕을 하면 나도 욕을 하는 것이 더 쉽고, 더 정당하고 더 속이 시원 하지 않을까요? 그런데 왜 힘들게 용서를 해야 할까요?

1) 용서하기는 나의 내적인 치유와 회복을 위해서 필요합니다

용서하기는 적극적인 자기치유와 자기회복의 방법으로, 한 개인이 부당하게 받은 깊은 상처를 치료하며 건강하고 행복한 삶을 살도록 도와줍니다. 과학적 연구를 통해서 용서하기는 분노, 우울, 불안, 상처를 준 사람에 대한 집착을 감소시켜 주는 반면에 희망, 자아존중감, 정서적 안정성은 높여 주는 것으로 나타났습니다. 더 나아가서 용서는 신체건강도 향상시켜 줍니다.

2) 용서하기는 바람직한 대인관계를 위해서 필요합니다

용서하기는 갈등과 상처로 인해 파괴된 인간관계를 회복시켜 줌으로써 좋은 대인관계가 계속될 수 있게 도와줍니다. 용서는 갈등상황에 있는 부부나 가족관계를 향상시켜 주는 것으로 밝혀졌습니다.

심지어 가족을 잔인하게 살해한 살인범을 용서한 유가족이 살인범과 화해를 시도하기도 하고, 더 나아가서 사형제도 폐지와 회복적 사법 운동에 참여하기도 합니다.*

3) 용서하기는 바람직한 사회 공동체를 위해서 필요합니다

용서하기는 개인 간에 일어나는 갈등뿐만 아니라 종교, 지역, 국가 간에 일어나는 갈등을 치유하고 공동체를 회복하기 위해서 필요합니다. 남아프리카 공화국의 넬슨 만델라는 용서를 통해 자신뿐만 아니라 나라까지 치유한 용서의 영웅입니다. 만델라는 27년간의 감옥생활에서 벗어나 최초의 흑인 대통령이 된 후에 '진실과 화해 위원회'를 만들어서 오랫동안 지속된 심각한 흑백 인종갈등을 용서와 화해를 통해 치유했습니다. 이 위원회에서는 인종차별 시절에 폭력을 휘둘렀던 가해자가 고백과 사과를 할 경우에는 사면해 주고, 피해자에게는 위로와 보상을 실시했습니다. 당사자들 간의 용서구하기와 용서하기가 부족하다는 비판을 받기는 했지만 그럼에도 불구하고 남아프리카 공화국은 오랜 세월 지속되었던 심각한 인종갈등을 해결하고 평화를 만들어 갈 수 있었습니다.

현재 우리나라에서도 정치적 갈등, 이념적 갈등, 지역적 갈등, 종교적 갈등으로 인해 많은 사람이 서로 미워하고, 화를 내고, 상처를

---

* 회복적 사법/정의(restorative justice)는 특정 범죄와 관련된 모든 당사자(피해자, 가해자, 가족 등)가 함께 참여하여 범죄로 인한 피해와 후유증을 건설적인 방식으로 해결하려는 새로운 시도입니다. 살인 유가족들의 용서 이야기는 『세상에서 가장 아름다운 용서』라는 책에 나와 있습니다(King, 2003, 2006).

주고받고 있습니다. 따라서 이제는 우리나라에서도 국가적 차원에서 우리 사회의 갈등과 상처를 치유하기 위해서 어떻게 용서를 활용할 것인지에 대한 체계적인 논의가 매우 필요합니다.

요약하면 용서하기는 상처 받은 사람의 정신과 신체건강에 매우 도움을 주는 것입니다. 더 나아가서 상처로 파괴된 대인관계와 사회 공동체를 회복시켜 줄 수 있습니다. 당신은 누군가에게서 받은 상처로 아파하고 있습니까? 이제는 더 이상 그 상처에 얽매이지 않고 치유되고 싶지 않은가요? 그렇다면 용기를 내어 용서를 시도해 보십시오.

5. 용서하기의 문제점

용서하기는 좋은 것일까요 아니면 나쁜 것일까요? 용서하기가 좋다고 생각하면서도 왜 용서하기를 망설이게 될까요? 용서하기에는 어떤 문제점이 있을까요?

앞에서도 말했지만 필자가 사회를 본 학교폭력에 대한 심포지엄에서 한 발표자가 공격적 피해자를 위한 용서 프로그램을 발표하자 피해자의 부모들이 상당히 부정적인 반응을 보였습니다. 제주도 4·3 사건 심포지엄에서 발표했던 동료 용서연구자도 비슷한 이야기를 했습니다. 용서에 대해 발표하자 피해 유가족들의 반응이 매우 부정적이었다는 것입니다. 왜 그럴까요?

1) 용서하기에 대한 오해

용서에 대해서 사람들이 부정적인 반응을 보이는 가장 큰 이유는 용서에 대한 오해 때문입니다. 예를 들어, 용서를 하면 부당한 일을 용납해 주고 묻어 버리기 때문에 정의를 실현할 기회가 없어진다고 생각할 수 있습니다. 학교폭력의 경우 가해자를 용서해 주면 부당한 폭력행동을 바로잡고 피해를 회복할 기회를 놓친다고 생각할 수 있습니다. 제주도 4·3 사건의 경우도 용서를 해 주게 되면 너무나 끔찍하고 억울한 상황에 대한 진상규명과 보상이 제대로 이루어지지 않는다고 생각할 수 있습니다.

그렇다면 왜 용서하기에 대한 오해가 생겨나며, 어떻게 하면 그 오해를 바로잡을 수 있을까요?

(1) 용서하기와 정의 실현을 구별하기

다시 반복하지만 용서하기와 정의 실현은 분명히 다릅니다. 용서의 출발점은 정의를 묻어 버리는 것이 아니라 오히려 정의를 찾는 것입니다. 왜냐하면 상대방이 분명히 정의에 어긋나는 일을 해서 나에게 부당한 상처를 입혔다는 것을 확인하는 데서 용서가 시작되기 때문입니다.

학교폭력으로 고통받고 있는 선미의 사례를 봅시다.

고등학교 2학년인 선미는 요즘 학교에 가기가 정말 싫습니다. 단짝 친구이던 진희가 선미에 대한 나쁜 이야기를 퍼뜨리며 선미를 왕따시키고 있기 때문입니다. 선미는 심한 배신감과 분노를 느끼고 있고, 공부에도 전혀 집중할 수가 없어서 성적이 계속 떨어지고 있습니다.

이 경우에 선미가 용서를 하려면 먼저 진희의 부당한 행동을 직면해야 합니다. 진희가 선미에 대한 나쁜 거짓말을 만들어 퍼뜨리면서 왕따를 주도하고 있다는 사실을 직시해야 합니다. 부득이한 사정이 있을 것이라고 변명해 주거나 친구이니까 참아 줘야 한다고 말하는 것은 정의 실현에도 어긋나고, 용서하기에도 어긋나는 것입니다.

용서하기는 내가 부당하게 상처를 받았음을 인정함에도 불구하고 복수의 원리보다는 사랑과 자비의 원리로 상대방을 대하려고 노력하는 것을 말합니다. 더 나아가서 다시는 그런 부당한 일이 일어나지 않고 정의가 실현되도록 내가 노력하는 것도 포함됩니다. 예를 들어, 학교폭력의 피해자는 가해자를 용서하면서도 자신이 당한 폭력의 문제점을 분명하게 지적하고, 폭력이 재발하지 않도록 필요한 조치들을 취해야 합니다. 경우에 따라서는 법적인 조치를 취할 수도 있습니다.

(2) 용서하기와 화해하기를 구별하기

앞에서 언급한 용서하기와 화해하기가 다르다는 것을 이해하지 못하면 용서가 위험을 초래할 수도 있습니다.

현아 엄마는 지난 10년 동안 수시로 남편에게서 폭행을 당했는데, 심한 경우에는 수개월 동안 병원에 입원해야 할 때도 있었습니다. 딸을 위해서 참고 참아 왔던 현아 엄마는 남편이 딸까지 때리는 것을 보고는 정신이 번쩍 들었습니다. 그래서 딸을 데리고 집을 나와 쉼터로 가서 숨어 지내면서 이혼소송을 제기했습니다. 남편은 현아 엄마의 친정 식구를 찾아다니며 무릎을 꿇고 울고 불고 하면서 다시는 절대 폭력을 쓰지 않겠으니 용서해 달라고 빌었습니다. 얼마 뒤에 친정 식구들이 현아 엄마를 설득해서 다시 집으로 돌아가게 되었습니다. 그리고 일주일 뒤, 현아 엄마는 남편에게 잔인하게 살해되었습니다.

이 사례처럼 매 맞는 아내가 남편을 용서하는 것이 남편과 화해하고 폭력행동을 참으며 함께 살아야 하는 것이라고 오해하게 되면 계속해서 남편의 폭력이 지속되고, 최악의 경우에는 남편에게 살해당하는 불상사가 발생할 수도 있습니다.

(3) 진정한 용서하기와 거짓 용서하기를 구별하기

진정한 용서와 거짓 용서(망각, 변명, 참는 것, 사면 등)를 올바르게 구별하지 못하는 경우에도 문제가 생길 수 있습니다. 예를 들어, 용서하고 그만 잊어버리라고 말하는 사람들이 많습니다. 그러나 용서는 잊어버리는 것이 아닙니다. 오히려 아픈 상처를 묻어 버리고, 잊고 싶은 마음을 이겨 내고, 상처를 분명히 기억하고 직면하는 것에서 용서가 시작됩니다.

요약하면 용서하기를 올바르게 이해하지 못하면 용서에 대한 거부감과 문제가 생겨날 수 있습니다. 따라서 제대로 된 용서를 하기 위해서는 용서에 대한 정확한 이해가 필요합니다. 이것이 상담이나 교육프로그램에서 용서를 활용하는 경우, 초기에 용서에 대한 올바른 이해를 강조해야 하는 이유입니다. 특히 용서하기와 정의 실현하기, 화해하기, 거짓 용서하기와의 차이점에 대해서는 용서의 과정을 거치면서 기회가 생길 때마다 계속 강조해야 합니다.

2) 피해자가 준비되지 않은 상태에서 억지로 용서하기

> 민지는 고등학교 때 사촌 오빠에게 성폭행을 당했습니다. 그런데 민지에게 가장 큰 상처를 준 사람은 다름 아닌 자신의 엄마였습니다. 엄마를 믿고서 힘들게 성폭행 사실을 말했는데 엄마가 친척 사이에 큰 분란이 생기니까 사촌 오빠를 용서해 주고 묻어 버리자고 한 것입니다. 그 후 민지는 오랫동안 너무나 힘든 시간을 보냈습니다. 세상 사람들을 모두 불신하게 되었고, 특히 엄마에 대한 분노를 해결하는 데 오랜 시간이 걸렸습니다.

이 사례에서 보는 것처럼 피해자가 준비되지 않은 상황에서 용서를 하는 경우도 큰 문제가 됩니다. 예를 들어, 가정의 평화를 위해서 용서하라고 가족이나 성직자가 강요하는 경우가 있습니다. 이렇게 되면 피해자는 용서에 대해서 상당한 거부감을 갖게 될 수도 있고, 자신의 아픔을 이해하지 못하는 주위 사람들에게 섭섭할 수도 있고, 기꺼이 용서하지 못하는 자신에 대해서 실망할 수도 있으며, 이 때문에 또 다른 상처를 받게 됩니다. 그리고 용서를 하더라도 마지 못해서 하는 용서이기 때문에 자신도 치유되지 않고 진정한 관계회복도 어렵게 됩니다.

용서는 반드시 본인의 자발적인 선택에서 시작되어야 합니다. 주위 사람들이나 전문 상담가도 이러한 문제점을 충분히 인식하고 있어야 하며, 적당한 시기에 용서를 하나의 선택으로 제안할 수는 있지만 절대로 강요해서는 안 됩니다.

3) 성급한 용서하기

앞에서도 설명했지만 다른 사람에게 심각하고 부당한 상처를 받게 되면 부정적인 영향이 많이 나타납니다. 특히 분노가 대표적입니다. 그런데 내 마음이 불편해서, 손해를 볼까 봐, 관계가 악화될까 봐, 또는 다른 사람들이 걱정할까 봐, 내가 받은 부정적인 영향을 감추고 표현하지 못하는 경우가 많습니다. 그래서 얼른 용서해 주는 것으로 문제를 해결하려고 합니다. 그러나 이러한 성급한 용서하기는 매우 위험합니다.

용서를 하기 전에 충분히 분노하십시오! 당신이 상처를 받고 화가 난다면 절대로 그 화를 감추려고 하지 마십시오. 분노뿐만 아니라 당신이 느끼는 불안, 증오, 불신 등 상처에서 오는 부정적인 영향을 확실하게 인식해야만 당신이 얼마나 상처를 받았는지 분명하게 알 수 있습니다. 그렇게 되면 용서의 필요성도 더욱 많이 느끼게 되고 상처도 잘 치유하게 될 것입니다.

용서하기는 천천히 진행되어야 합니다. 상처를 분명하게 인식하고, 다음 장에서 설명하는 용서의 과정도 하나씩 차근차근 거쳐 나가면서, 또 필요하면 다시 되돌아가서 지난 과정을 반복하기도 하면서 시간과 마음의 여유를 가지고 천천히 나아가야 합니다.

실습: 당신에게 적용하기

이 장에서는 당신이 용서하기를 올바르게 실천하는 데 필요한 기초를 제공하고 있습니다. 용서하기에 대해서 사람들이 망설이거나 부정적인 반응을 보이는 큰 이유는 용서하기에 대한 오해 때문입니다. 따라서 용서를 제대로 이해하는 것이 용서의 길에서 가장 먼저 통과해야 하는 관문입니다. 이 장은 그 관문을 통과하는 열쇠이므로 충분히 이해하고 넘어갈 것을 권합니다. 다음 질문에 대답하면서 당신이 용서하기를 잘 이해했는지 점검해 보십시오.

1. 용서하기란 무엇입니까?

----

2. 거짓 용서하기에는 어떤 것들이 있습니까?

----

3. 용서하기의 종류에는 어떤 것들이 있습니까?

4. 왜 용서하기가 필요할까요?

5. 용서하기의 문제점은 무엇입니까?

03 어떻게 용서할 수 있을까

용서는 다른 사람이 아니라 나 자신에게 주는 선물이다.
용서는 포기나 망각이 아니라 변화를 위한 적극적인 의지다.
원망이나 복수심을 버리기 위해서는 그만큼 내면의 성숙이 필요하고,
내면의 성숙은 그저 얻어지는 것이 아니다.

- 고든 리빙스턴-

용서를 껄끄러워하거나 거부하는 사람이 의외로 많은 것은 용서에 대해서 오해를 하기 때문입니다. 따라서 용서를 하기 위한 첫 걸음은 용서에 대해서 정확하게 이해하는 것입니다.

제2장을 통해 진정한 용서하기가 무엇인지를 이해했다면, 제3장에서는 구체적으로 용서하기 작업을 시작해 보기로 합시다.

1. 용서하기 과정

용서하기는 단순히 내가 상대방을 용서하기로 마음먹고 "당신을 용서합니다."라고 말하는 것으로 끝나는 것이 아닙니다. 용서하기는 생각보다 힘들고 긴 과정이며, 제대로 된 용서를 하기 위해서는 그 과정을 차례대로 하나씩 잘 거쳐 나가는 것이 필요합니다. 비록 이 과정이 길고 힘들기는 하지만 용서의 길 끝에서 일어나는 놀라운 변화를 생각해 보면 충분히 그 길을 걸어갈 가치가 있습니다.

당신은 용서하기의 과정을 시작할 준비가 되었습니까?

그럼 지금부터 용서하기의 과정을 하나씩 차례대로 걸어가 봅시다. 다음 [그림 3-1]은 용서하기의 과정을 보여 줍니다.*

---

* 이 용서하기의 과정은 오영희(1995, 2006), Enright(2012, 2014), Worthington Jr.(2003, 2006) 등의 연구를 바탕으로 만들어졌습니다. 이 책에서는 일반 독자들의 편의를 위해서 자세한 인용은 생략하였습니다.

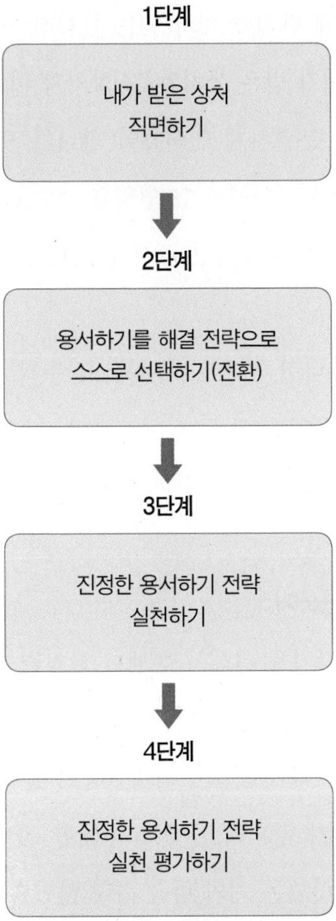

1단계

내가 받은 상처
직면하기

2단계

용서하기를 해결 전략으로
스스로 선택하기(전환)

3단계

진정한 용서하기 전략
실천하기

4단계

진정한 용서하기 전략
실천 평가하기

[그림 3-1] 용서하기의 과정

1) 1단계: 내가 받은 상처 직면하기

용서하기의 첫 번째 단계는 내가 받은 상처에 직면하는 단계입니다. 이 단계에서는 내가 받은 상처와 그 상처가 미치는 부정적인 영향을 회피하지 않고 분명하게 인식해야 합니다. 이 단계는 매우 중요합니다. 왜냐하면 나의 상처와 그 영향을 제대로 인식할수록 문제해결의 필요성을 더 많이 느끼고 용서에 대해서 생각해 보게 되기 때문입니다.

상처를 받고 화가 나면 절대로 그 화를 감추려고 하지 마십시오. 당신의 분노, 불안, 증오, 불신 등 상처로부터 오는 부정적인 영향을 확실하게 인식하는 것이 용서하기 과정의 첫 번째 단계입니다.

◈ 선희의 상처 직면하기

선희가 용서하기 작업을 위해서 선택한 상처는 수능 결과가 나쁘게 나왔다고 엄마에게 매를 맞고 심한 욕을 들은 것입니다. 지금까지 선희가 사용해 온 대처방법은 회피였습니다. 되도록 엄마와 상처에 대해서 생각하지 않으려고 했고 최대한 집에 있지 않으려고 했으며, 집에서도 엄마와는 거의 말을 하지 않았습니다.

그러나 선희가 피하려고 했던 엄마와의 갈등은 선희가 수강하는 심리학 시간에 실시된 부모-자녀 갈등 검사에서 드러났습니다. 그래서 선희는 부모 용서하기 프로그램의 대상이 되었고, 망설이다가 용기를 내어 프로그램에 참여하게 된 것입니다.

선희는 자신이 참여한 프로그램에서 제시한 활동지를 이용해서 수능 직후에 엄마에게 받았던 상처에 직면하고, 그것이 현재 자신에게 미친 영향을 평가해 보았습니다(제1장에 나온 [활동지 1-2] 참고).
다음은 선희가 작성한 평가표입니다.

활동지 1-2: 상처가 내게 미치는 영향 평가표(선희)

내가 받은 상처: 2년 전 수능 결과가 나쁘게 나오자 엄마가 나를 때리
고 욕한 것

영향 점수:

전혀 없음			중간		매우 심함	
0	1	2	3	4	(5)	6

기분:

화가 난다.	5	배신감을 느낀다.	5
우울하다.	5	억울하다.	4
불안하다.	5		

기타 기분 매를 맞은 나도 창피하고, 나를 때린 엄마도 창피하다.

생각:

상대방을 믿지 못하게 되었다.	5
이 세상이 불공평하다는 생각이 든다.	5
내가 약하고 무능력하다는 생각이 든다.	5
상처에 대해서 반복해서 계속 생각하게 된다.	3

기타 생각   이 세상에 나를 이해해 주는 사람이 아무도 없다는

<u>생각이 자주 든다.</u>

행동:

상대방과의 관계가 나빠졌다.　　　　　　　6

식욕도 없고 잠도 잘 못 잔다.　　　　　　　3

집안일/학교/직장 생활을 하기 힘들다.　　　4

사람들을 피한다.　　　　　　　　　　　　5

기타 행동　　<u>그 당시 가출했었다.</u>

　　　　　　<u>사람들과 친밀한 관계를 맺기 어렵다.</u>

◈ 희수의 상처 직면하기

　남편의 외도 때문에 큰 상처를 받은 희수도 [활동지 1-2]를 이용해서 자신의 상처에 대해서 점검해 보았습니다. 다음에서 보는 것처럼 희수는 현재 너무나 큰 상처와 고통을 받고 있습니다.

활동지 1-2: 상처가 내게 미치는 영향 평가표(희수)

내가 받은 상처: <u>남편의 외도</u>

영향 점수:

전혀 없음　　　　　　　　　중간　　　　　　매우 심함

　0　　　1　　　2　　　3　　　4　　　5　　⑥

기분:

화가 난다.	6	배신감을 느낀다.	6
우울하다.	6	억울하다.	6
불안하다.	6		

기타 기분 __너무 창피하다.__

생각:

상대방을 믿지 못하게 되었다.	6
이 세상이 불공평하다는 생각이 든다.	6
내가 약하고 무능력하다는 생각이 든다.	6
상처에 대해서 반복해서 계속 생각하게 된다.	6

기타 생각 __가끔 죽고 싶은 생각이 든다.__

행동:

상대방과의 관계가 나빠졌다.	6
식욕도 없고 잠도 잘 못 잔다.	6
집안일/학교/직장 생활을 하기 힘들다.	6
사람들을 피한다.	6

기타 행동 __아무것도 하기가 싫다.__
__남편과 심지어 아이들에게까지 화풀이 행동을 많이 한다.__

2) 2단계: 용서하기를 해결 전략으로 스스로 선택하기(전환)

상처를 받았을 때 사용하게 되는 부정적인 해결 전략으로는 회피와 복수가 있습니다.

(1) 회피

회피는 상처를 부인하거나 회피하는 것으로, 상처에 대한 일시적인 땜질처방이라고 할 수 있습니다. 회피를 하기 위해서 사람들은 자아방어기제를 많이 사용합니다. 자아방어기제는 사람들이 자신의 내적·외적 갈등을 해결하기 위해서 무의식적으로 사용하는 심리적 기제인데, 갈등이나 현실을 왜곡시켜 버려서 근본적인 갈등 해결을 방해하고 문제를 악화시킵니다.

그럼에도 불구하고 실제로는 거의 모든 사람이 일상생활에서 자신을 보호하기 위해서 다양한 자아방어기제를 사용합니다. 우리가 난처한 상황에서 자주 사용하는 핑계나 변명은 합리화라는 자아방어기제입니다. 예를 들어, 공부를 안 해서 시험에 실패한 사람이 시험출제가 잘못되었다고 핑계를 대는 것입니다.

자아방아기제를 지나치게 많이 사용하거나 병적인 자아방어기제를 사용하게 되면 정신장애를 초래할 수도 있습니다. 예를 들어, 해리는 인격의 한 부분이 자신도 모르게 다른 독립된 인격으로 기능하는 것인데, 이것이 심해지면 〈지킬박사와 하이드〉에서 다루고 있는 다중인격이 나타나게 됩니다.

상처를 받으면 흔히 나타나는 자아방어기제는 억압, 부정, 합리화, 대치 등이 있습니다.* 예를 들어, 희수가 남편의 외도 사실을 기억조차 하지 못한다면 상처를 '억압'한 것이고, 자신이 내조를 잘 못해서 남편이 바람을 폈다고 변명한다면 '합리화'를 한 것이고, 남편에게 화가 난 것을 죄 없는 아이들을 혼내는 것으로 푸는 것은 '대치'한 것입니다.

상처를 받고서 자아방어기제를 사용하면 일시적 회피는 가능하지만 문제를 왜곡시켜서 오히려 상처를 악화시키고 정신적·신체적 건강을 해치게 만듭니다. 앞에서 말했듯이 상처와 갈등을 억압하고 참는 것을 미덕으로 삼아 온 우리나라의 문화적 특성 때문에 생겨난 대표적인 예가 바로 화병입니다. 우리나라 고유의 정신장애로 분류되는 화병은 전문적 진단으로는 우울증, 불안장애, 신체화장애(정신적인 갈등 때문에 몸에 문제가 생기는 것) 등이 혼합된 것입니다. 마음에 상처를 입어서 화가 나고, 억울하고, 무력감과 슬픔을 느끼는데 그것을 제대로 해결하지 못하고 오랫동안 참고 억제하게 되면 화병이 생기는 것입니다.

(2) 복수

복수는 상처에 대해서 용서보다 더 쉽고, 후련하고, 자연스러운 반응일지도 모릅니다. 누가 나를 때리면 나도 때리고, 누가 나를 욕하면 나도 욕하는 것이 당연하고 공평하지 않은가요? 그러나 복수는 상처의 해결보다는 상처의 악순환을 가져올 가능성이 높습니다.

＊ 상처를 받게 되면 사용하는 자아방어기제에 대한 설명과 예가 〈부록 3-1〉에 제시되어 있습니다. 다소 전문적인 내용이므로 어려우면 그냥 넘어가도 됩니다.

복수는 '눈에는 눈, 이에는 이'의 원칙에 기초하고 있는데, 그렇게 되면 많은 사례에서 증명된 것처럼 '피는 피를 부르는' 상처 받고 상처를 주는 악순환이 지속될 뿐입니다. 예를 들어, 남편의 외도에 복수하기 위해서 자신도 외도를 하는 부인의 경우를 생각해 봅시다. 이 경우에 남편이 자신의 잘못을 뉘우치고 돌아오기보다는 가정파탄이 날 가능성이 더 높습니다.

또 다른 예로, 학교폭력에서 많이 생겨나고 있는 공격적 피해자를 들 수 있습니다. 공격적 피해자는 자신이 피해를 당한 후에 그 상처를 다른 사람을 공격하는 것으로 해결합니다. 2012년 2월 대구에서 발생한 '폭력대물림' 사건은 복수 전략을 사용하면 발생하게 되는 폭력과 상처의 악순환을 극명하게 보여 줍니다. 이 사건에서 학교 선배들은 후배들을 '건방지다.'며 때리고 심지어 땅에 파묻는 등 기성세대의 조폭을 뺨칠 정도로 괴롭혔습니다. 그런데 나중에 그 선배들도 이전에는 학교폭력의 피해자였던 것이 밝혀져 충격을 주었습니다. 자신이 받은 상처를 복수로 해결하려다가 결국 다른 사람에게 상처를 주고, 자신들도 범죄자가 되어 버린 것입니다.

요약하면 회피와 복수는 일시적인 편안함이나 만족감을 줄지는 모르지만 결국은 상처를 악화시킵니다. 회피는 주로 자신에게 다시 상처를 주게 되고, 복수는 자신과 다른 사람 모두에게 다시 상처를 주게 됩니다.

(3) 용서로 전환
부당하고 깊은 상처를 해결하기 위한 긍정적 방법 중에서 가장 적극적이고 효과적인 방법은 용서입니다. 용서는 자신에게 상처를 입힌 사람을 동정, 자비, 사랑의 눈으로 바라보도록 노력하는 과정에서 상대방에 대한 부정적인 기분, 생각, 행동이 사라지게 되는 것입니다.

용서는 여러 가지 효과가 있습니다. 첫째, 용서를 하게 되면 가장 먼저 나 자신이 치유됩니다. 그동안 상처 때문에 생겨났던 여러 가지 행동적 · 정신적 장애가 해결되어 온전하고 건강한 한 인간으로서 기능할 수 있게 됩니다. 남편의 외도로 큰 상처를 받은 희수의 경우를 봅시다. 희수가 남편을 용서하게 되면 분노, 배신감, 불면증, 대인기피증 등이 없어지고 정신적 · 신체적으로 건강해지게 될 것입니다.

둘째, 용서는 나에게 상처를 준 사람을 처벌하는 것을 자발적으로 포기함으로써 사회적 상호작용이 악순환되는 것을 막아 줍니다. 예를 들어, 화가 난 희수가 남편이 직장 동료와 바람피운 것을 직장에 알릴 수도 있지만 그렇게 되면 사태는 더욱 악화됩니다. 반면에 용서는 희수가 남편의 외도에 대한 처벌을 자발적으로 포기함으로써 서로에게 계속 상처를 주는 것을 막아 줍니다. 더 나아가서 두 사람이 싸우는 과정에서 자녀들이 받게 되는 상처도 막아 줍니다.

셋째, 용서는 상대방에게 호의를 보임으로써 새로운 긍정적 상호작용을 시작하는 계기를 부여해 주기 때문에 상처로 인해 깨어진 인간관계를 치료하는 데도 가장 효과적인 방법입니다. 희수가 남편을 용서하게 되면서 결혼 생활을 계속 유지할 수도 있습니다. 또는 비록 그녀가 이혼을 선택했을지라도 남편을 용서하고 아이들의 아빠로서

남편을 인정해 주고 호의적으로 대하게 되면 부부는 아니지만 부모
로서의 관계라는 새로운 상호작용을 시작할 수도 있을 것입니다.

이처럼 용서는 개인의 내적인 상처를 치유하고 대인관계를 회복
하는 데 가장 효과적인 방법입니다. 그러나 용서라는 전략을 선택
하기 위해서는 상처를 받은 사람의 내부에서 심리학적인 '전환'이
필요합니다. 전환이란 '중대한 마음의 변화'를 말하는데 여기서는 지
금까지 사용해 오던 회피나 복수 등의 문제해결 전략이 결국 더욱
더 상처를 악화시키는 부정적인 결과를 낳았을 뿐임을 깨닫고 용서
를 바람직한 문제해결 전략으로 신중하게 고려해 보는 관점의 변화
를 말합니다. 예를 들어, 희수가 남편의 외도에서 오는 상처를 회피
하거나 복수를 하는 것이 오히려 상처를 더 악화시킬 뿐이라는 것
을 깨닫고서 남편을 이해하고 용서하려고 시도해 보는 것입니다.

전환의 핵심은 상처를 받은 사람이 스스로 용서를 선택하는 것입니
다. 당사자가 준비되어 있지 않은 상태에서 주변 사람들이 용서를
강권하게 되면 용서에 대해 거부감을 가지게 되고 오히려 또 다른
상처를 받을 수도 있습니다. 특히 종교인들의 경우에 조심을 해야
합니다. 피해자를 위로한다고 하면서 "당신이 하느님을 믿는다면서
용서하지 않으면 진정한 신앙인이 아닙니다."라고 말하면 그것은
오히려 또 다른 상처를 주는 것입니다.

주위에서 용서를 제안할 수는 있지만 선택은 항상 본인이 스스로
하는 것임을 강조해야 합니다. 당사자가 준비되지 않은 상태에서
용서를 강요하게 되면 용서에 대해 거부반응을 보이거나 마지못해
용서를 하는 척하지만 상처는 치유되지 않고 안에서 곪게 되는 부

정적인 결과를 낳게 됩니다.

◈ 선희의 전환하기

선희는 지금까지 엄마가 준 상처에 대해서 생각하지 않으려고 했습니다. 엄마를 피하는 것이 상책이라는 생각에서 집에 있는 시간을 최대한 줄이고, 집에서도 엄마와 거의 말을 하지 않았습니다. 그러나 부모 용서 프로그램을 통해서 자신이 회피라는 잘못된 문제 해결 방법을 사용하고 있다는 것을 알게 되었습니다. 그리고 용서란 무엇인가에 대한 전문 상담가의 설명을 듣고 난 뒤에 새로운 문제 해결 방법으로 용서를 시도해 보는 것도 좋겠다는 생각이 들었습니다. 선희가 용서를 시도할 결심을 하자 전문 상담가는 자신의 결심을 말이나 행동으로 표현하는 것이 좋다고 하면서 서약서를 작성할 것을 권했습니다.

다음은 선희가 작성한 용서를 시도할 것을 결심하는 서약서입니다.

활동지 3-1: 용서 시도 결심 서약서(선희)

나는 나에게 상처를 준 (　　　엄마　　　)에 대해서 회피하거나 복수를 하지 않겠습니다.

그리고 다음을 약속합니다.

1. 그 사람에 대한 원한, 미움, 분노를 멈추겠습니다.

2. 그 사람을 이해하고, 공감하려고 노력하겠습니다.
3. 과거의 상처가 앞으로 우리들의 관계에 영향을 미치지 않도록
   노력하겠습니다.

이름: 박선희   날짜: 2014년 9월 5일

◈ 희수의 전환하기

희수는 남편의 외도에 대한 자신의 대처방법이 회피와 복수였다
는 것을 깨달았습니다. 최대한 남편의 외도에 대해서 생각하지 않
으려고 했고, 남편을 피하려고 했습니다. 남편과는 방을 따로 썼고,
집에서도 남편과 마주치지 않으려고 했습니다. 그러다가 너무 화가
치밀어 오를 때는 남편에게 폭언을 하기도 했습니다. 사실은 이혼
할 마음이 없는데도 이혼을 하겠다며 남편을 협박하기도 했습니다.

그러다가 자신도 너무 힘들고, 또 엄마와 아빠의 눈치를 불안하게
살피는 아이들을 보면서 '이건 정말 아니다'라는 생각을 했습니다.
친구가 준 '용서하기 프로그램 안내서'를 따라해 보면서 희수는 힘
들게 자신의 상처를 직면하게 되었고, 회피나 복수가 아닌 새로운
문제 해결 방법으로 용서를 시도해 보기로 결심했습니다. 그리하여
[활동지 3-2: 용서 시도 결심 서약서]를 작성했습니다.

3) 3단계: 진정한 용서하기 전략 실천하기

당신이 자발적으로 용서를 시도해 보기로 결심했다면 그 다음으로 해야 할 일은 진정한 용서하기 전략을 실천하는 것입니다. 여기서 진정한 용서하기 전략이란 거짓용서가 아니라 진정한 용서를 하기 위한 방법을 말합니다.

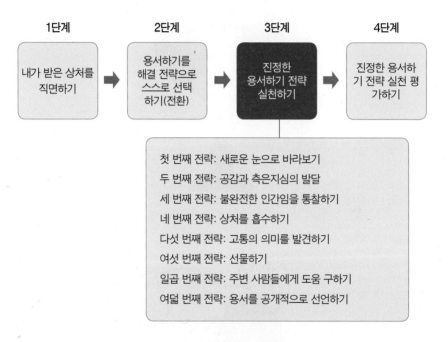

[그림 3-2] 진정한 용서하기 전략 실천하기

앞에 제시한 [그림 3-2]에서 보는 것처럼 진정한 용서하기 전략에는 여덟 가지가 있습니다. 비록 종류가 많기는 하지만 전략 하나하나가 용서를 하는 데 큰 도움이 됩니다. 독자들의 이해를 돕기 위해서 다음에 각 전략을 자세히 설명하고 사례도 제시하였습니다. 꼼꼼히 읽어 보시고 용서를 할 때 최대한 실천하도록 노력해 보십시오.

(1) 첫 번째 전략: 새로운 눈으로 바라보기

①

②

앞의 그림 ①과 ②에서 무엇이 보이나요?

각 그림에는 두 개의 그림이 들어 있습니다. 아직까지 두 개의 그림을 보지 못한 사람은 다시 한번 잘 찾아보세요.

이제 보이나요? 그림 ①에서는 컵과 두 사람의 옆얼굴, 그림 ②에서는 귀부인과 노파입니다.

이렇게 같은 그림도 어떻게 바라보느냐에 따라 달라집니다. 여러분이 경험한 상처도 어느 방향에서 보느냐에 따라서 다르게 보일 수 있습니다. 가장 좋은 방법은 보다 한 차원 높은 곳에서 전체적으로 바라보는 것입니다.

바로 이것이 진정한 용서하기의 첫 번째 전략으로서 상처를 준 사람과 사건에 대해서 새로운 눈으로 바라보는 것입니다. 이 전략의 핵심은 자신에게 상처를 입힌 사람과 상처를 만든 사건을 맥락 속에서 다시 바라보면서 깊이 이해하는 것입니다. 맥락이란 사물이 서로 연결되는 관계를 말합니다. 따라서 맥락 속에서 새롭게 깊이 이해한다는 것은 상처를 입힌 사람과 사건을 단편적으로 보는 것이 아니라 자신과 상대방의 입장을 모두 고려하고, 과거와 현재와 미래라는 시간을 고려하고, 다양한 상황 등을 고려하면서 총체적으로 바라본다는 것입니다.

◆ 선희의 새로운 눈으로 바라보기

선희가 참석한 부모 용서하기 프로그램에서는 선희에게 [활동지 3-2]를 이용해서 엄마의 삶에 대해 전체적으로 생각해 보는 기회를

가져 보라고 했습니다. 선희는 마음이 내키지 않았지만 혼자 활동
지를 작성하기가 어려워서 엄마와 이야기를 해 보았습니다.

다음은 선희가 작성한 엄마의 삶에 관한 활동지입니다.

활동지 3-2: (엄마)의 삶(선희)

* 당신에게 상처를 준 사람을 위에 써 넣고, 다음을 중심으로 그
사람의 삶에 대해서 최대한 자세하게 써 보십시오.

1. 그 사람의 성장 과정은 어떠했습니까? (그 사람이 어린아이였을
   때, 청소년이었을 때, 성인이 되었을 때 어떠했습니까? 구체적인 사
   건들을 예로 들면서 써 보십시오.)

   - 엄마는 3남 1녀의 막내로 태어나 외할아버지의 기대와 귀여움을
     독차지하고 자랐다.
   - 중·고등학교에 다닐 때는 공부도 잘했고, 성공한 직장 여성이 되
     는 꿈도 갖고 있었다.
   - 이모의 소개로 아빠를 만났는데, 첫눈에 반해서 자신의 꿈을 접고
     결혼하게 되었다.
   - 결혼 3년 만에 선희가 태어났을 때 너무 예뻤다. 다른 사람들이 아
     기가 예쁘지 않다는 말을 할 때는 눈물이 날 정도였다.

2. 당신에게 상처를 줄 당시, 그 사람의 삶은 어땠을까요? (구체
   적인 사건들을 예로 들면서 써 보십시오.)

   - 선희가 중·고등학교에 다닐 때는 집안 형편이 어려웠고, 아빠와

의 사이도 별로 좋지 않았다.

- 그래서 아이들에게 더 기대하게 되었는데, 선희가 사춘기를 너무 심하게 겪으면서 많이 반항하고 대들어서 힘들었다.

- 선희가 고등학교 때 엄마는 자신감도 없고, 많이 우울하고, 불안했다. 선희가 좋은 대학을 가면 엄마의 체면이 서고 모든 것이 좋아질 것이라는 생각이 들어서 더욱 선희에게 기대를 많이 했었다.

- 선희는 수능을 잘 볼 테니 자신의 공부에 절대 간섭하지 말라고 했다. 그런데 수능 점수가 나쁘게 나왔다. 엄마는 선희가 좋은 대학에도 못 가고, 그로 인해 미래도 안 좋을 것이라는 생각이 들어서 너무 절망했다. 그 때문에 화를 못 참고 선희를 때리기까지 했다.

3. 상대방의 장점을 세 가지만 써 보십시오.

- 요리를 잘한다.

- 우리 가족의 건강에 신경을 많이 쓴다.

- 가족을 많이 배려한다(엄마 자신보다 가족을 더 챙기심).

4. 상대방의 단점을 세 가지만 써 보십시오.

- 다혈질이고 화를 잘 낸다.

- 남편과 자식들에게 집착한다.

- 불평불만이 많다.

엄마의 삶에 대한 과제를 하다 보니 선희는 그동안 엄마에 대해서 알지 못했던 새로운 것들을 알게 되었는데, 그것을 요약해 보면 다음과 같습니다. '엄마는 외할아버지의 귀여움을 독차지하면서 많은 기대를 받고 행복하게 자라났다. 선희가 어릴 때 다른 사람들이 선희가 못생겼다고 해서 운 적이 있다. 다혈질이어서 화를 자주 내시기는 하지만 그래도 선희를 몹시 사랑하며 잘 되기를 바란다. 선희가 사춘기를 심하게 겪으면서 반항을 많이 해서 힘들었다. 선희에 대한 기대가 컸던 만큼 실망도 컸다. 엄마는 엄마가 못 이룬 꿈을 선희가 대신 이루어서 당당하고, 돈도 많이 버는 직장 여성이 되기를 바란다.'

선희는 엄마와 대화를 하다가 분위기가 좋아지자 수능 직후에 자신이 받은 상처에 대해서 말했습니다. 그러자 엄마는 깜짝 놀라며 선희가 그렇게까지 상처 받은 줄은 몰랐다고 했습니다. 선희에게 기대가 컸는데 수능 결과가 예상보다 안 좋게 나오니까 너무 화가 나서 선희에게 상처 주는 행동을 했다고 하며 "미안하다."고 말했습니다.

◆ 희수의 새로운 눈으로 바라보기

희수도 '용서 프로그램 안내서'에 따라 남편의 삶에 대한 활동지를 작성해 보려고 했습니다. 그런데 혼자 하려니 잘 안 되어서 많이 망설이다가 오랜만에 남편에게 대화를 요청했습니다. 그런데 남편의 삶에 대한 이야기를 들으면서 희수는 자신이 남편에 대해서 모르는 것이 많았다는 것을 알게 되었습니다. 다음은 희수가 작성한 남편의 삶에 대한 활동지입니다.

활동지 3-2: (남편)의 삶(희수)

* 당신에게 상처를 준 사람을 위에 써 넣고, 다음을 중심으로 그 사람의 삶에 대해서 최대한 자세하게 써 보십시오.

1. 그 사람의 성장 과정은 어떠했습니까? (그 사람이 어린아이였을 때, 청소년이었을 때, 성인이 되었을 때 어떠했습니까? 구체적인 사건들을 예로 들면서 써 보십시오.)

 - 남편은 2남 1녀 중 둘째다. 어렸을 때부터 부모님의 사랑은 한 살 위인 공부 잘하는 형에게 쏠려 있었다. 남편도 부모님의 사랑을 받기 위해서 매우 노력했지만 형보다는 부족해서 매번 형과 비교당하고, 칭찬보다는 꾸중을 많이 듣게 되었다.
 - 부모님의 사랑을 받지 못한 남편은 다른 사람에게서 사랑을 많이 받고 싶어 하고, 자신을 칭찬해 주는 사람을 좋아한다.
 - 희수를 만났을 때도 희수가 자신의 장점을 봐 주고 칭찬을 많이 해줘서 더욱 끌렸고, 결혼을 결심하게 되었다.

2. 당신에게 상처를 줄 당시, 그 사람의 삶은 어땠을까요? (구체적인 사건들을 예로 들면서 써 보십시오.)

 - 결혼을 하고 연년생의 두 아이가 생기면서 희수가 아이들에게만 신경을 쓰자 남편은 혼자된 느낌이고 완전히 무시당하는 기분이었다. 마치 돈 벌어 오는 기계라는 생각도 들었다.
 - 회사가 안 좋은 사정으로 인원 감축을 하게 되자 남편은 동료들과 술을 자주 먹으며 스트레스를 풀다가 여자 직원 중에 ○○를 만나게 되었다. ○○이 자신의 이야기를 잘 들어 주고, 자신의 기력 아

이디어와 장래 계획에 대해서도 적극적으로 지지를 해 주자 ○○에게 끌리게 되고 자주 만나게 되었다.

3. 상대방의 장점을 세 가지만 써 보십시오.

- 책임감이 강하다.
- 업무 능력이 있다.
- 사람들을 좋아하고 설득하는 능력이 있다.

4. 상대방의 단점을 세 가지만 써 보십시오.

- 집에 와서 말을 잘 안한다.
- 집안일을 도와주지 않는다.
- 아이같이 칭찬받고 사랑받기를 원한다.

희수는 남편에 대해서 자신이 모르는 것이 많았다는 사실을 깨달았습니다. 남편에 대해서 새롭게 알게 된 사실은 다음과 같습니다. '남편은 어린 시절에 형만 예뻐하는 부모님 때문에 애정결핍을 겪었고, 그래서 항상 다른 사람의 사랑과 관심을 받고 싶어 했다. 특히 최근 회사에 인원 감축의 위기가 있어서 남편은 많이 힘들고 불안했다. 그래서 동료 직원들과 술자리를 자주 하면서 스트레스를 풀었다. 남편이 술로 자신의 좌절과 불안을 감추며 지내고 있는데 희수는 아이들에게 신경 쓰느라 남편에게 충분한 관심을 주지 못했다.'

이렇게 남편의 외도라는 사건을 아동기의 애정결핍, 직장에서의 위기, 남편의 좌절과 불안, 희수가 충분한 관심을 주지 못한 것 등의 맥락 속에서 바라보게 됨으로써 희수는 남편의 나쁜 행동이나 성격만 보는 것이 아니라 그렇게 된 배경도 고려하게 되었습니다. 희수는 남편을 '자신을 배반한 나쁜 사람'이라고 단순화시키기보다는 '불행했던 과거를 가졌고, 삶이 힘들고, 나의 이해를 필요로 했던 사람'이라는 식으로 보다 넓고 깊은 관점으로 바라보게 되었습니다. 그런데 여기서 주의할 것은 이러한 새로운 눈으로 바라보기 전략이 남편이 외도한 사실을 합리화시켜 주는 것은 아니라는 것입니다. 외도가 여전히 잘못된 행동이라고 생각하면서도 그 일에 대해 보다 더 깊이 이해하게 된다는 것입니다.

(2) 두 번째 전략: 공감과 측은지심의 발달

두 번째 진정한 용서하기 전략은 상처를 입힌 사람에 대한 깊은 이해를 넘어서서 상대방의 감정에 공감(empathy)하고 측은지심(compassion)을 느끼는 것입니다. 공감은 상대방을 깊이 이해하게 될 때 생기는 감정으로, 상대방처럼 느끼는 것입니다. 상대방이 화날 때 나도 화가 나고, 상대방이 행복할 때 나도 행복한 것이 바로 공감입니다. 측은지심은 공감을 넘어서서 상대방을 불쌍하게 생각하고, 상대방에게 편안함과 따뜻함을 느끼는 것입니다. 예를 들어, 부모 용서하기 프로그램에 참석한 한 대학생은 용서를 시도하면서 느끼는 자신의 마음의 변화를 다음과 같이 말하고 있습니다. "어머니를 완전히 용서했는지는 잘 모르겠지만, 전보다는 어머니를 많이 이해하게 되었고, 어머니를 대할 때 예전에 느끼던 분노보다는 동정심과 사랑이 느껴집니다."

공감은 용서의 핵심 요소로, 효과적으로 공감을 촉진시키기 위해서 '빈 의자 기법'을 사용하는 것도 효과적입니다. 희수의 경우를 예로 들어 봅시다. 두 개의 의자를 놓고 하나의 의자에 희수가 앉습니다. 앞의 빈 의자는 남편이라고 상상합니다. 희수 자신의 의자와 남편의 빈 의자에 번갈아 가며 앉아서 각자의 입장이 되어 기분, 생각, 상황 등을 말해 봅니다. 이렇게 서로의 입장에서 이야기를 하다 보면 상처에 대한 이해가 깊어지고, 더 나아가서 공감하고 측은지심도 느끼게 됩니다.

가해자에 대한 공감을 촉진시키는 다른 방법으로는 가해자의 입장에서 편지 쓰기, 편지가 힘들면 말로 녹음해서 들어 보기, 다른 사람에게 이야기하기 등이 있습니다.

상대방에게 측은지심을 느끼는 데는 자비명상이 도움이 됩니다. 자비명상을 하는 법은 다음과 같습니다.

◉ 자비명상하는 법 ◉

1단계	편안하게 앉아 복식호흡을 하면서 몸과 마음을 편안하게 만듭니다. 복식호흡은 아랫배를 이용해서 하는 호흡법입니다. 숨을 들이마실 때는 배를 내밀면서 코로 천천히 들이마셨다가, 숨을 내쉴 때는 천천히 배를 집어 넣으면서 코로 내뱉는 것입니다.
2단계	자비명상의 대상을 천천히 마음속으로 데려옵니다. 그리고 다음과 같이 말합니다. "나는 ○○가 행복하고 평안하기를 소망합니다." (자비명상의 대상은 나를 포함하여 누구나 가능합니다.)
3단계	마음이 편안해지고 따뜻함이 느껴질 때까지 1단계와 2단계를 반복해서 수행합니다.

◈ 선희의 공감과 측은지심의 발달

선희는 부모 용서하기 프로그램에서 내 준 엄마의 삶에 대한 과제를 하면서 엄마를 많이 이해하게 되었습니다. 특히 엄마가 "내게는 세상에서 최고로 예쁜 딸이었다."고 말했을 때는 선희 안에 뭉쳐 있던 무엇인가가 확 풀리는 느낌이었습니다. 더 나아가서 엄마가 수능 직후에 선희에게 준 상처에 대해 그때 자신이 너무 힘들었고, 선희에 대한 기대가 너무 커서 그랬다고 하면서 미안하다고 말하자 선희는 눈물이 나왔습니다.

선희는 또 자신에게 상처를 줄 당시에 엄마가 얼마나 힘들었는지를 이해하고 공감하게 되었습니다. 그 당시 엄마의 외로움, 경제적 어려움, 크게 기대했던 딸의 반항으로 인한 실망과 분노 등이 어느 정도 느껴졌습니다. 가끔 엄마가 혼자 어둠 속에서 울고 있던 모습이 떠오르면서 엄마가 불쌍하게 느껴졌습니다.

선희는 요즘 엄마에게 화가 날 때는 조용히 부모 용서하기 프로그램에서 배운 자비명상을 해 봅니다. 그러다 보니 엄마를 대할 때 많이 편안해졌고, 앞으로는 엄마에게 따뜻한 말 한마디라도 먼저 해야겠다는 생각을 하게 되었습니다.

◈ 희수의 공감과 측은지심의 발달

희수는 아직도 남편과 말하기가 싫어서 용서 프로그램에서 제안한 빈 의자 기법을 집에서 사용해 보았습니다.

희수: (먼저 부엌에 있는 식탁 의자에 앉아 남편의 외도 사실을 알게 되었

을 때의 엄청난 충격에 대해서 이야기했습니다.) 당신을 정말 믿었
었는데…… . 당신이 다른 여자를 만난다는 것은 너무나 충격이었
어. 끝까지 나를 속이려고 한 것도 너무 화가 나.

남편: (앞의 빈 의자에 앉아 남편의 입장에서 말을 하려고 시도해 보았습니
다. 처음에는 막막했지만 남편이 자신에게 했던 말들을 기억하면서
이야기를 해 보았습니다.) 내가 당신에게 일부러 상처 줄려는 것이 아
니었어. 회사에서 인원 감축 등의 이야기가 나오니까 내가 너무 힘들었
어. 그래서 동료들과 술 먹고 이야기하면서 스트레스를 풀었는데, 한 여
자 직원이 내 이야기를 잘 들어 주고 위로해 주는 것에 내가 깜빡 마음
을 주게 되었어.

희수: (다시 자리를 바꾸어서 앞의 의자에 앉아 자신의 입장에서 이야기했
습니다.) 아무리 당신이 힘들어도 좋은 가정을 만들려고 애쓰는
나의 뒤통수를 칠 수가 있어? 회사에서의 스트레스를 나에게 이
야기했으면 내가 가장 많이 걱정해 주고 위로해 주었을 거야. 왜
부부가 함께 문제를 풀어 간다는 생각을 못했어?

남편: (다시 앞의 빈 의자에 앉아 남편의 입장에서 이야기합니다.) 어쩌
다 보니 이런 큰 실수를 하게 되었고, 당신이 아파하니 내 마음도
너무 아파. 당신에게 잘못했어. 용서해 주면 좋겠어. 그런데 사실
내가 몇 번이고 당신에게 말했지만 당신은 매번 애들 때문에 바
쁘다면서 다음에 이야기하자고 했어. 그러다 보니 나 자신이 바깥
일도 제대로 처리 못하고 가족도 책임 못지는 무능력한 사람으로
느껴져서 말하기가 싫어졌어.

그 후에도 몇 번이고 희수는 의자를 바꾸어 앉으면서 자신과 남편의 입장에서 상처와 관련된 생각, 감정, 상황에 대해서 이야기를 했습니다. 그러다 보니 희수는 조금씩 남편의 외로움, 수치심, 좌절, 고통 등을 느끼게 되었습니다. 그리고 항상 자신 있고 당당한 남편이 아니라 회사에서 인원 감축의 압력을 받으면서 좌절하고 힘들어하는 남편의 모습이 보이면서 마음이 아프고 남편이 불쌍하다는 생각까지 들었습니다.

(3) 세 번째 전략: 불완전한 인간임을 통찰하기

인간은 불완전한 존재입니다. 상처를 준 사람과 나도 모두 인간이며, 단점과 한계를 가진 불완전한 존재라는 사실을 통찰하는 것도 용서하는 데 도움을 줍니다. 첫 번째 전략인 새로운 눈으로 바라보기를 통해서 우리는 나에게 상처를 준 상대방이 약하고, 부족하고, 잘못을 저지르기 쉬운 인간이라는 것을 발견하게 됩니다. 그리고 이러한 발견은 용서하는 데 도움을 줍니다. 덧붙여서 나 자신도 상대방처럼 불완전하고 약한 존재로서 과거에 잘못해서 다른 사람에게 상처를 주었고 용서를 받을 필요가 있었다는 사실을 깨닫게 되면 용서하기가 더욱 쉬워집니다. 더 나아가 상처가 발생하게 된 배경을 이해하는 과정에서 자신도 어느 정도의 책임이 있다는 것을 깨닫게 되면 용서하기의 수준은 한 차원 더 높아집니다.

◈ 선희의 통찰하기

선희는 엄마의 삶에 대한 이야기를 작성하면서 엄마를 새로운 눈으로 바라보게 되었습니다. 선희는 그동안 엄마는 완벽해야 하고, 항상 자식들에게 사랑을 베푸는 존재라야 한다고 생각했습니다. 그러나 엄마의 이야기를 들으면서 엄마가 많이 외롭고, 불안했고, 남편과 자식들의 이해와 배려가 필요했지만 아무도 엄마에게 관심을 보이지 않아서 힘들어했다는 것을 알게 되었습니다. 특히 어릴 적에는 말을 잘 듣던 선희가 중학교 때부터 심하게 엄마를 무시하고 대들어서 상처를 많이 받았다는 것도 알게 되었습니다.

누군가에게 잘못하고 용서받은 경험을 적어 보라는 과제에 대해서 선희는 고등학교 1학년 때 시험 성적이 나쁘다고 야단치는 엄마에게 욕을 하며 대든 것이 기억났습니다. 그때 엄마가 많이 울었고, 다음 날 아침에 선희는 엄마에게 편지를 써서 잘못했다고 용서를 빌었습니다. 그날 저녁 집에 돌아 온 선희를 엄마는 활짝 웃으며 맞아 주었습니다. 그리고 다시는 그러지 말라고 하시며 사이좋은 모녀가 되고 싶다고 말하면서 선희를 용서해 주었습니다.

또한 선희는 수능을 잘 볼 수 있다고 큰소리를 친 자신의 행동이 엄마의 기대를 높였고, 그것이 더욱 엄마를 화 나게 했다는 것도 알게 되었습니다.

이제 선희는 엄마도 인간으로서 불완전하고 한계가 있다는 것을 알게 되었습니다. 또 선희 자신도 엄마에게 잘못을 많이 저질렀지만 엄마가 용서해 주었다는 것도 알게 되었습니다. 그리고 엄마가 상처를 준 데는 수능을 잘 볼 것이라고 큰소리를 친 자신도 어느 정도 책임이 있다는 것을 깨닫게 되면서 엄마를 용서해야겠다는 생각이 더욱 깊어졌습니다.

◈ 희수의 통찰하기

희수는 남편이 매우 유능하고 자신감이 넘치는 사람이라고 생각했습니다. 그러나 남편의 삶에 대한 이야기를 들으면서 자신이 몰랐던 남편의 외로움, 애정결핍 증상들, 회사에서 인원 감축의 압력을 받고 느끼는 좌절과 불안 등을 알게 되었습니다.

또한 자신이 아이들에게만 신경을 쓰느라 너무 남편에게 무관심했다는 것을 알게 되었습니다. 지금 생각해 보니 남편은 몇 번이고 아이들을 친정에 맡기고 둘이서 여행을 가자는 이야기를 했었습니다. 그러나 아이들을 맡기기도 번거롭고, 또 여행도 애들이랑 함께 가야 한다는 생각 때문에 희수는 남편의 제안을 거부했었습니다. 이제야 남편이 자신의 관심과 위로를 많이 필요로 했었다는 것을 깨달은 희수는 남편에게 미안하다는 생각이 들었습니다.

그리고 용서 프로그램 안내서에서 다른 사람에게 잘못하고 용서를 받은 경험을 찾아보라는 것을 보고서 몇 년 전의 일이 떠올랐습니다. 친한 친구가 갑자기 돈을 빌려 달라고 해서 1,000만 원이라는 큰 돈을 빌려 줬는데 그 친구가 돈을 갚지 못했습니다. 며칠 고민하다가 남편에게 말했는데 난리가 날 것이라는 예상과는 달리 남편은 쉽게 선희를 용서해 주었습니다. 남편은 "친구와 돈거래를 하면 돈도 잃고, 친구도 잃게 된다."고 말하면서 다시는 친구와 돈거래를 하지 않겠다는 약속만 받고서 선희를 용서해 준 것입니다.

남편의 외로움과 한계를 새롭게 알게 되면서 그런 남편을 이해하고 배려해 주지 못한 데 대한 미안함도 느껴지고, 또 선희 자신도 남편에게 잘못을 저지르고 용서를 받은 적이 있다는 것을 알게 되면서 남편에 대한 마음이 조금씩 긍정적으로 변하기 시작했습니다.

(4) 네 번째 전략: 상처를 흡수하기

당신은 상처를 받은 후에 화가 나서 상대방이나 주변에 있는 다른 사람에게 화풀이한 적이 있습니까? 그들의 반응은 어떠했습니까?

상처를 흡수하는 전략은 내가 받은 상처를 다른 사람에게 되돌려 주지 않고 내가 감내하고 수용하는 것입니다. 복수의 전략을 사용하는 경우에는 상처의 악순환이 발생합니다. 갑이 을에게 상처를 입히면 을은 복수를 통해 다시 갑에게 상처를 입힙니다. 그러면 다시 갑이 을에게 상처를 입히게 되고 이런 식으로 상처를 주고받는 악순환이 계속됩니다.

그런데 용서는 자신이 받은 상처를 스스로 흡수해 버림으로써 이러한 악순환의 고리를 멈추게 합니다. 예를 들어, 남편의 외도 때문에 상처를 받은 부인이 다시 남편이나 아이들에게 상처를 입히는 것이 아니라 자신이 그 상처를 흡수함으로써 자신을 치유하고 관계를 치유하는 것입니다.

그런데 여기서 주의할 점은 상처를 흡수한다는 것이 상처를 자기 안에 품고서 곪아 터질 때까지 그 상처를 억압하고 있는 것은 아니라는 것입니다. 그렇게 되면 화병이 생깁니다. 상처를 흡수하는 것은 내가 자발적으로 상처를 수용하고 나서 여러 가지 건설적인 방법을 사용해서 그 상처를 감소시키고 해소하는 것입니다. 새로운 눈으로 바라보기, 공감과 측은지심 느끼기, 글쓰기, 명상하기, 취미활동 개발하기, 마음을 터 놓을 수 있는 사람과 이야기하기 등은 좋은 해소 방법입니다.

앞서 설명한 자비명상을 자신의 상처를 흡수하는 데 이용하는 방법은 다음과 같습니다. 첫째, 편안하게 앉아서 복식호흡을 합니다. 둘째, 복식호흡을 하면서 다음과 같이 말합니다. "나는 내가 고통에서 벗어나기를 바랍니다. 그리고 내가 행복하고 평안하기를 소망합니다." 셋째, 마음이 편안해질 때까지 반복해서 수행합니다.

상처를 흡수하는 일은 특히 가족 내에서의 갈등을 용서로 해결할 때 매우 필요합니다. 왜냐하면 가족은 매일 함께 생활하면서 서로에게 강력한 영향을 미치기 때문입니다. 부모가 상처를 가지고 있으면 그 상처를 자녀에게 전가할 가능성이 있습니다. 자신의 부모를 증오하는 사람들은 알게 모르게 그 증오를 자녀들에게 전달하게 되고, 그 자녀들은 또 자기 자식들에게 전달할 가능성이 큽니다. 안타깝게도 가족 내에서 분노와 증오의 대물림은 종종 일어납니다.

한 심리학자는 상처 때문에 고통받고 있는 가족 내에서 상처를 흡수하는 것이 왜 필요한지를 다음과 같이 설명하고 있습니다 (Bergin, 1988: 29).

그렇다면 누군가가 가족의 잘못된 역사 속의 어느 한 시점에서 상처를 한 세대에서 다른 세대로 전달하는 것을 멈춰야 하지 않겠는가? 그 사람은 복수하려고 하는 대신에 고통을 흡수하는 법, 용서하는 법, 상처를 준 사람과 화해하도록 노력하는 법을 배워서 다음 세대에서는 가정 내에서 긍정적인 변화를 일으키는 출발자의 역할을 담당해야 한다.

◈ 선희의 상처 흡수하기

며칠 전에 선희는 집에 일찍 들어 와서 집안일을 도와주지 않는다고 잔소리를 하는 엄마에게 크게 화를 냈습니다. 엄마랑 싸우기 싫어서 일부러 집에 늦게 들어가는 것도 모르는 엄마가 다시 많이 미워졌습니다.

그날 밤에 선희는 남동생과도 심하게 다투었습니다. 엄마는 남동생을 편애하면서 무조건 오냐오냐하는데, 그러다 보니 남동생이 엄마를 무시했습니다. 그날 밤에도 늦게 들어 온 남동생은 엄마에게 밥을 차려 달라고 하더니 반찬에 대해서 불평했습니다. 쩔쩔매는 엄마의 모습을 본 선희는 화가 나서 남동생에게 한바탕 퍼부어 댔습니다.

다음 날 부모 용서하기 프로그램에서 상처 흡수하기에 대한 설명을 들으면서 선희는 자신의 모습을 되돌아보게 되었습니다. 그동안 쌓인 엄마에 대한 미움과 분노 때문에 자신도 가끔씩 사소한 일을 가지고 가족과 친구들에게 크게 화를 내는 일이 있다는 것을 알게 되었습니다. 특히 전날 밤에 있었던 엄마와 남동생과의 싸움은 선희에게 큰 깨달음을 주었습니다.

선희는 이제는 자신부터 상처를 흡수하기 위해 노력해 보려고 결심했습니다. 일단 화가 났을 때는 그 즉시 반응하지 말고 심호흡을 몇 번 하면서 자신의 분노를 가라앉히기로 했습니다.

그런 다음에 상황을 새로운 눈으로 전체적인 맥락 속에서 바라보려고 노력했습니다. 선희를 잘 이해해 주는 아빠와 이야기를 하는 것도 큰 도움이 되었습니다. 며칠 전 선희가 엄마와 남동생과 다투는 것을 본 아빠는 밖에서 저녁을 사 주면서 선희의 이야기를 들어 주었습니다. 아빠의 위로를 받으면서 선희는 마음에 쌓인 것이 많이 풀리는 느낌을 받았습니다.

선희는 요즘 가끔 자기 자신과 엄마에 대한 자비명상을 합니다. 먼저 복식호흡을 하면서 몸과 마음을 편안하게 합니다. 그러고 나서 먼저 자신에 대한 자비명상을 합니다("나는 내가 고통에서 벗어나기를 바랍니다. 그리고 내가 행복하고 평안하기를 소망합니다."를 몇 번이고 반복해서 말합니다). 그런 다음에 어머니에 대한 자비명상을 합니다("나는 어머니가 행복하고 평안하기를 소망합니다."를 반복해서 말합니다).

◈ 희수의 상처 흡수하기

희수는 남편의 외도를 알게 된 후에 부쩍 신경질이 많아졌습니다. 특히 두 아이에게 사소한 일로 고함치며 혼내는 일이 늘어났습니다. 얼마 전 희수는 초등학생인 둘째 아이의 담임선생님에게 전화를 받았습니다. 둘째 아이가 학교에서 말도 잘 안 하고 불안해하며 가끔 공격적인 행동을 한다는 것입니다. 그때 희수는 정신이 번쩍 들었습니다. 이대로 계속 나가면 제일 먼저 아이들이 큰 상처를 받겠다는 생각이 든 것입니다.

희수는 남편과 애들에게 화를 자주 내는 것이 오히려 사태를 악화시킨다는 것을 깨달았습니다. 그래서 자신의 아픔과 분노는 자신 안에서 스스로 해결하고 남편과 애들에게 화풀이를 하지 않겠다는 결심을 했습니다. 일단 주민센터에서 운영하는 요가 프로그램에 등록해서 신체와 마음을 다스리는 법을 배웠습니다. 요가를 하니까 정신이 맑아지고 생각을 집중할 수 있었습니다.

조용히 시간을 내서 현재 자신의 상태에 대해서 글을 써 보는 것도 도움이 되었습니다. 또한 남편의 한계와 힘든 회사 상황에 대해서 새롭게 이해하게 되면서 가끔씩은 남편이 불쌍하게 느껴지기도 했습니다. 그러다 보니 자신의 고통도 점점 줄어드는 것 같았습니다. 요즘 희수는 마음이 많이 평온해지고 신경질도 줄어들었습니다.

(5) 다섯 번째 전략: 고통의 의미를 발견하기

용서전문가인 엔라이트 박사는 상처가 준 고통의 의미를 발견하는 것이 용서하는 데 큰 도움이 된다고 주장하면서, 정신과 의사이자 로고테라피(의미치료)의 창시자인 프랑클(Frankl) 박사의 예를 듭니다. 프랑클 박사는 제2차 세계대전 때 유대인 포로수용소에서 끔찍한 고통을 겪었습니다. 그 후 그는 포로수용소에서 살아남은 사람들의 치유를 도와주면서 고통의 의미를 발견한 자만이 생존했다는 것을 알게 되었습니다. 포로수용소에서 자신을 포기하고 그냥 하루하루를 살아가는 사람들은 일찍 죽었습니다. 반면에 자신에게 주어진 극심한 고통의 의미와 삶의 목적을 발견한 사람들은 더 많이 살아남을 수 있었습니다. 프랑클 박사는 이를 바탕으로 고통받는 삶에서 의미를 발견하는 로고테라피(의미치료)라는 심리치료 방법을 만들어 냈습니다.

'분노는 당신을 더 하찮게 만드는 반면 용서는 당신을 예전보다 뛰어난 사람으로 성장하게 한다.'는 명언이 있습니다. 당신이 받은 상처와 고통은 당신에게 어떤 의미가 있나요? 그것을 통해 당신은 무엇을 배웠습니까?

◈ 선희의 고통의 의미를 발견하기

수능 직후에 엄마에게 받은 깊은 상처는 선희에게 어떤 의미가 있을까요?

선희는 자신에게 과도하게 기대하고 집착하는 엄마를 보면서 자신의 미래의 삶에 대해서 진지하게 생각해 보게 되었습니다. 엄마가 밖에서 하는 일이 없고 집에만 있어서 그렇게 된 것이니까 선희는 나중에 꼭 자신이 좋아하는 일을 찾아서 일을 해야겠다는 결심을 하게 되었습니다. 그래서 선희는 대학에 와서 남들보다 더 열심히 자신의 진로를 찾기 위해서 노력했습니다. 또 다른 사람이 정한 가치와 기대에 흔들리지 말고 내 삶을 주체적으로 살아야겠다는 결심도 하게 되었습니다.

◈ 희수의 고통의 의미를 발견하기

남편의 외도는 희수에게 어떤 의미가 있을까요?

희수는 모든 인간이 불완전하며, 그래서 그 인간들이 살아가는 이 세상도 불완전하다는 것을 깨닫게 되었습니다. 먼저 남편에게서 불완전한 인간의 모습을 보았습니다. 남편을 유능하고 책임감이 강한 남자라고 생각했는데 어린 시절 부모로부터 사랑을 충분히 받지 못해서 애정결핍과 허세가 있었습니다. 그리고 회사의 인원 감축 위기와 가족에 대한 책임감 때문에 많이 힘들어하고 있었습니다.

또한 희수는 자신이 어느새 아줌마로 변해서 더 이상 예쁘지 않은 반면에 주변에 예쁜 여자들이 많다는 것도 알게 되었습니다. 자신을 주변 사람들의 부러움을 사는 모범 주부라고 생각했는데 그것은 환상이었습니다. 이렇게 남편과 자신의 부족한 점을 깨닫게 되면서 희수는 인간에 대한 이해의 폭이 넓어지게 되었습니다.

희수는 사랑이 변할 수도 있으며, 사랑을 지키기 위해서는 나부터 열심히 노력해야 한다는 것도 깨달았습니다. 친구의 조언에 따라 희수는 자신을 가꾸기 시작했습니다. 운동을 하면서 살도 빼고, 화장도 하고, 자신을 위한 옷도 샀습니다. 그리고 주민센터에 개설된 다양한 강의를 듣기 시작했습니다. 요가 프로그램, 가요 부르기 프로그램, 독서와 글쓰기 프로그램에 등록했습니다. 특히 독서와 글쓰기 프로그램에서 책을 읽고 자신의 에세이를 쓰면서 희수는 그동안 잊어버렸던 자신의 글재주를 다시 발견하게 되었습니다. 희수는 어릴 때부터 글재주가 있었고 그것을 살려서 회사 홍보부에 취직해서 재미있게 일을 하다가 결혼을 하면서 회사를 그만두었습니다. 요즘 희수는 자신의 글재주를 이용해서 시간제로 일할 기회를 찾고 있습니다.

(6) 여섯 번째 전략: 당신에게 상처를 준 사람에게 선물하기

누군가에게 선물을 준다는 것은 무엇을 의미할까요? 선물은 상대방에 대한 호의와 사랑을 보여 주는 대표적인 방법입니다. 용서하기에서 선물을 하는 것은 당신이 상대방을 얼마나 용서하고 있는지를 보여 주고, 용서를 더욱 튼튼하게 해 주며, 화해의 문까지 열어 줍니다.

당신에게 상처를 주었던 사람에게 줄 수 있는 선물 목록을 만들어 보십시오. 선물이라고 해서 큰 것을 생각할 필요는 없습니다. 상황에 따라서 작은 것부터 시작하면 됩니다. 상대방을 보고 웃어 주기, 전화하기, 집안일 하기, 맛있는 것을 만들거나 사다 놓기 등이 그것입니다.

처음에는 마음이 내키지 않을 수도 있습니다. 그래도 억지로라도 용기를 내어 시도해 보십시오. 우리 속담에 '웃는 얼굴에 침 뱉으랴.' '가는 말이 고와야 오는 말이 곱다.'는 말이 있습니다. 당신이 먼저 선물을 주면 대부분은 생각보다 큰 효과가 나타납니다. 특히 상대방이 자신의 잘못을 알고 있을 경우에는 더욱 효과가 큽니다.

그런데 선물을 줄 때 조심해야 할 것은 상대방이 항상 호의적이지 않을 수도 있다는 것입니다. 상대방이 내 선물을 싸늘하게 거절할 수도 있고, 그 때문에 내가 다시 상처를 입을 수도 있습니다. 그러나 상대방이 내 선물을 거절하는 것은 나의 문제가 아니라 상대방의 문제입니다. 상대방의 인격이 아직 성숙하지 못하거나, 상황을 제대로 이해하지 못했거나, 또는 자신의 잘못을 감추려고 방어적으로 행동하는 것일 수도 있습니다.

따라서 상대방의 거절 때문에 내가 다시 상처를 받을 필요는 없습니다. 선물을 주는 행동은 자비로운 사랑의 행위로, 당신이 선물을 줄 수 있다는 것 자체가 당신이 상처에서 벗어나서 성숙해졌고, 사랑을 줄 수 있는 존재로 변화되었다는 것을 보여 줍니다. 상대방이 선물을 거절할 경우에는 다시 적합한 선물을 할 수도 있지만 계속 거부할 경우에는 상대방이 자신의 문제를 해결할 때까지 잠시 기다려 주는 것도 좋습니다.

그러나 여기서 유의해야 할 것은 상대방에게 선물을 주는 것은 당신과 그 사람을 위한 좋은 마음에서 나와야 한다는 것입니다. 상대방이나 다른 사람들에게 나의 도덕적 우위를 보여 주거나 나에게 필요한 것을 얻기 위한 나쁜 수단으로 사용해서는 안 됩니다.

◈ 선희의 선물하기

선희가 참여한 부모 용서하기 프로그램에서는 선희에게 [활동지 3-3]을 이용해서 엄마에게 줄 수 있는 선물 목록을 작성한 후 편한 것부터 시작해 보라고 했습니다.

선희는 활동지를 작성한 후 편한 것부터 엄마에게 시도해 보았습니다. 그랬더니 엄마가 너무 좋아하였고, 엄마는 선희에게 예쁜 털장갑을 만들어 선물로 주었습니다.

활동지 3-3: 상대방에게 줄 수 있는 선물 목록(선희)

무엇을 선물로 줄 수 있을까요?	당신이 느끼는 편안함의 정도
집에 조금 일찍 들어가기	아주 편안함 조금 편안함 별로 편안하지 않음 전혀 편안하지 않음

엄마에게 감사 메모 남기기	아주 편안함
	조금 편안함
	별로 편안하지 않음
	전혀 편안하지 않음
집안일 돕기 (설거지, 청소와 빨래하기)	아주 편안함
	조금 편안함
	별로 편안하지 않음
	전혀 편안하지 않음
엄마에게 예쁘게 말하기	아주 편안함
	조금 편안함
	별로 편안하지 않음
	전혀 편안하지 않음

◈ **희수의 선물하기**

희수도 남편에게 줄 선물 목록을 작성하려고 시도해 보았습니다. 그런데 막상 편하게 줄 수 있는 선물이 많지 않은 것을 보고 아직도 자신이 상처를 많이 받고 있다는 것을 다시 깨닫게 되었습니다. 그럼에도 불구하고 희수는 남편의 와이셔츠를 다려 주는 것부터 시작해 보았습니다.

다음 날 아침에 남편은 다려진 와이셔츠를 보면서 놀란 표정을 지었습니다. 그리고 희수에게 고맙다는 말을 하고 출근했습니다. 그리고 회사에 가서 다시 한 번 희수에게 고맙다는 문자 메시지를 보냈습니다. 희수는 아직도 마음이 편하지 않았지만 계속해서 남편에게 선물하기를 시도해 보기로 결심했습니다.

무엇을 선물로 줄 수 있을까요?	당신이 느끼는 편안함의 정도
남편의 와이셔츠 다려 주기	아주 편안함 (조금 편안함) 별로 편안하지 않음 전혀 편안하지 않음
남편이 좋아하는 음식 해 주기	아주 편안함 조금 편안함 (별로 편안하지 않음) 전혀 편안하지 않음
남편이 말을 걸면 반응해 주기	아주 편안함 조금 편안함 (별로 편안하지 않음) 전혀 편안하지 않음
남편에게 먼저 말 걸기	아주 편안함 조금 편안함 별로 편안하지 않음 (전혀 편안하지 않음)

활동지 3-3: 상대방에게 줄 수 있는 선물 목록(희수)

(7) 일곱 번째 전략: 주변 사람들에게 도움 구하기

당신은 누군가에서 큰 상처를 받고 나서 주변 사람들과 이야기를 나누고 조언을 구한 적이 있습니까? 너무 힘들어서 전문적인 상담을 받아 볼 생각을 한 적이 있습니까?

인간은 사회적 동물입니다. 우리는 많은 사람들 속에서 살아가고 있고 상처와 용서도 사람들 속에서 이루어집니다. 주변 사람들은 용서하기의 여러 과정에서 도움을 줄 수 있습니다. 예를 들어, 마음을 터놓을 수 있는 친구나 가족에게 자신의 상처에 대해서 이야기하는 것은 상처를 올바르게 직면하는 데 도움을 줍니다. 또한 과거에 사용해 오던 회피와 복수 전략이 비효과적임을 깨닫게 해 주고 용서를 해결 전략으로 선택하는 데도 도움을 줍니다. 더 나아가 주변 사람들을 통해서 자신이 혼자가 아니고 사랑받고 용서받는 존재임을 깨닫는 것은 내게 안전감을 주고 다양한 용서 전략을 실천하는 용기와 힘을 줍니다. 내가 사랑받았기에 사랑할 수 있고 내가 용서받았기에 용서할 수 있습니다.

당신이 많이 힘들 때는 전문가의 도움을 받을 수도 있습니다. 이제는 많이 나아졌지만 상담에 대해서 부정적인 사람들이 있습니다. 그러나 상담이 효과가 있다는 것은 과학적 연구들을 통해 밝혀졌습니다. 몸이 아플 때 의사를 찾아가는 것처럼 마음이 아플 때도 전문 상담가나 정신과 의사를 찾아가야 합니다. 그리고 빨리 찾아갈수록 효과가 큽니다.

나의 삶은 한 번밖에 주어지지 않은 소중한 것입니다. 나의 소중한 삶을 상처 때문에 아파하면서 힘들게 살면 너무 아깝지 않은가요? 그러니 혼자서 해결하기에 힘이 들면 가능한 한 빨리 전문가의 도움을 받도록 하십시오.

◈ **선희의 도움 구하기**

대학교에서 실시하는 대인관계 프로그램에 참여하기를 권유하는 메일을 받았을 때 선희는 처음에 망설였습니다. 그러다가 두 번째 메일을 받았을 때 용기를 내어 참석한다는 답장을 보냈습니다. 프로그램에 참석한 첫날에 그것이 부모 용서하기 프로그램임을 알고 당황했지만 기왕 시작한 것이니까 끝까지 가 보기로 했습니다. 용서 프로그램은 7주 동안 진행된 집단 상담프로그램이었습니다. 선희는 처음에 많이 힘들었지만 진행자와 다른 참여자들의 도움을 받으면서 자신의 상처를 직면하고, 용서를 통해 상처를 치유하는 과정을 잘 거쳐 나갈 수 있었습니다.

특히 이 기간 동안 선희는 아빠와 많은 이야기를 나누었습니다. 자상하고 이해심이 많은 아빠는 선희의 상처를 함께 아파해 주었고, 선희와 엄마에게 많은 관심을 써 주었으며, 가족이 함께하는 시간을 최대한 많이 만들어 주었습니다. 아빠의 관심과 배려는 선희와 엄마 모두에게 사랑받고 있다는 것을 느끼게 해 주었고, 모녀 사이의 갈등을 해결하는 데 큰 도움이 되었습니다.

◈ 희수의 도움 구하기

희수에게 가장 큰 도움을 준 것은 친구 경희였습니다. 대학 상담실에서 일하고 있는 경희는 희수가 처음으로 남편의 외도문제를 털어놓은 사람이었습니다. 그 후로 경희는 곁에 있으면서 희수가 상처를 극복해 나가는 데 여러 가지 조언과 격려를 아끼지 않았습니다. 용서에 대해서 말해 주고, 대학에서 실시하는 '용서하기 프로그램 안내서'를 건네준 것도 경희였습니다. 그 후로도 경희는 희수가 '용서하기 프로그램 안내서'를 잘 따라가면서 자신에게 적용할 수 있도록 도와주었습니다.

(8) 여덟 번째 전략: 용서를 공개적으로 선언하기

용서는 길고 힘든 과정입니다. '1보 후퇴 2보 전진'이란 말이 있듯이 용서는 전진과 후퇴를 반복하면서 조금씩 조금씩 앞으로 나아가게 됩니다. 이때 용서했다는 것을 내 마음속에만 간직하지 말고 공개적으로 말과 행동으로 표현하면 용서에 대한 회의나 후퇴가 생기는 것을 어느 정도 막을 수 있습니다. 이것은 담배를 효과적으로 끊기 위해서 주변 사람들에게 담배를 끊겠다고 공개적으로 말함으로써 자신의 금연 결심도 굳히고, 필요하면 주변 사람들의 도움을 받는 것과 같습니다. 주변 사람들은 금연 당사자에게 담배를 권하지 않거나 때때로 금연 결심을 상기시켜 줌으로써 도움을 줄 수 있을 것입니다.

사실 이 전략은 상당히 쑥스럽게 느껴질 수도 있습니다. '용서를 하면 했지 왜 굳이 밖으로 표현해야 하나? 내가 잘난 척하는 것은 아닌가? 상대방이 반감을 가질 수도 있지 않을까?'라고 생각할 수도 있습니다. 그럼에도 불구하고 용서를 공개적으로 선언하는 것은 나의 용서를 굳건하게 해 주고 계속해서 용서의 길을 걸어가게 하는 데 필요합니다.

어떤 방법이 있을까요? 첫째, 용서하기를 글로 써 보는 것입니다. 편지나 일기를 쓰는 것도 좋고, 용서하기 증서를 만드는 것도 좋습니다.

둘째, 가까운 사람들에게 자신이 용서했다는 것을 말하는 것입니다. 그러나 이때 조심할 것은 나의 도덕적 우위를 과시하기 위해서가 아니라 나의 용서를 지속시키는 데 도움을 받기 위해서 알리는 것임을 명확하게 밝히는 것입니다. 용서하기 증서를 작성하고 나서 가까운 사람을 보증인으로 세우는 것은 첫 번째와 두 번째 방법을 함께 실행하는 일석이조의 효과가 있을 것입니다.

◈ 선희의 용서를 선언하기

선희는 [활동지 3-4: 용서하기 증서]를 작성하고 나서 아빠에게 보여 주고, 아빠를 보증인으로 세웠습니다. 아빠는 선희의 노력을 칭찬해 주면서 최대한 도와주겠다고 약속했습니다. 선희는 용서하기 증서를 책상 앞에 붙여 놓고 가끔 들여다보면서 용서를 실천하기 위해 노력하고 있습니다.

활동지 3-4: 용서하기 증서(선희)

나는 이제 나에게 상처를 준 (엄마   )를 용서합니다.

그리고 다음을 약속합니다.

1. 그 사람에 대해서 부정적으로 생각하고, 느끼고, 행동하지 않겠습니다.
2. 그 사람에 대해서 최대한 긍정적으로 생각하고, 느끼고, 행동하도록 노력하겠습니다.
3. 내 용서를 표현하기 위해서 그 사람에게 선물을 주도록 노력하겠습니다.

이름: 박선희   날짜: 2014년 11월 1일

보증인: 박창수 (아빠)   날짜: 2014년 11월 1일

◆ 희수의 용서를 선언하기

희수도 용서하기 증서를 작성하고, 친구인 경희를 보증인으로 세웠습니다. 그리고 안방에 있는 화장대 앞에 붙여 놓고 조금씩 용서를 실천해 보려고 노력하고 있습니다.

4) 4단계: 진정한 용서하기 전략 실천 평가하기

지금까지 여덟 개의 진정한 용서하기 실천 전략에 대해서 살펴보았습니다. 전략을 모두 실천하고 난 다음에는 전략을 잘 수행했는지 점검해 보는 것이 필요합니다. 이를 위해 〈부록 3-2〉에 진정한 용서하기 전략 실천 점검표를 제시하였습니다. 점검표를 작성하여 만약에 3점 이상으로 실천하지 못한 전략이 있으면 그 전략을 다시 한 번 수행하는 것이 필요합니다.

◆ 선희의 용서하기 전략 실천 평가하기

선희는 〈부록 3-2〉에 제시된 '진정한 용서하기 전략 실천 점검표'를 작성해 보았습니다(p. 140). 선희가 잘 수행하지 못한 전략은 '상처를 흡수하기'였습니다. 아직도 선희는 엄마를 보면 짜증부터 납니다. 그래서 선희는 엄마에게 받은 상처를 흡수하기 위해서 더

욱 노력하기로 했습니다. 최대한 엄마에게 화를 내지 않으려고 노력하고, 화가 났을 때는 엄마와 거리를 유지하면서 심호흡을 통해 화를 가라앉혀 상황을 객관적으로 이해하려고 노력했습니다. 화가 많이 날 때는 아빠와 이야기를 하는 것도 도움이 되었습니다. 또 엄마가 이해가 안 되고 미울 때는 "내게는 너무 예쁜 딸이었다."라는 엄마의 말을 떠올리며 자신에게 엄마의 사랑을 확인시키는 것도 도움을 주었습니다.

◈ 희수의 용서하기 전략 실천 평가하기

희수도 〈부록 3-2〉에 제시된 '진정한 용서하기 전략 실천 점검 표'를 작성해 보았습니다(p. 140). 희수가 제대로 수행하지 못한 전략은 '상처를 흡수하기'와 '선물하기'였습니다. 희수는 아직도 남편에 대한 분노와 미움이 너무 커서 남편에게 화도 자주 내고, 쌀쌀하게 대하고 있었습니다. 그래서 희수는 집에서 남편과 마주치는 상황이 생기게 되면 화장대 앞에 붙여 놓은 '용서하기 증서'를 읽기로 했습니다. 그리고 남편에게 화가 나면 일단 남편과 거리를 두고 요가시간에 배운 복식호흡을 통해 마음을 조절하기로 했습니다. 자신의 상태에 대해서 글을 써 보는 것도 큰 도움이 되었습니다. 글을 써 보니 마음이 진정될 뿐만 아니라 언제 어떤 상황에서 화가 나는지를 이해하게 되었고, 다음에는 그런 상황에 대해서 어떻게 잘 대처할지도 생각해 보게 되었습니다.

'선물하기'는 더욱 어려웠습니다. 그래서 희수는 일단 더 작고 편안한 것으로 선물 목록을 다시 작성해서 시도해 보기로 했습니다.

2. 용서하기 결과 평가

용서하기 과정을 거친 뒤에 상대방을 얼마나 용서하고 있는지를 평가하기 위해서는 두 가지 방법을 사용하는 것이 좋습니다. 첫 번째 방법은 〈부록 3-3〉 '한국인 용서하기 척도'를 작성한 후 용서하기 점수를 구하는 것입니다. 두 번째 방법은 용서의 과정을 거치면서 느끼거나 생각한 것을 요약해 보는 것입니다.

1) 한국인 용서하기 척도 작성하기

이 척도는 용서 작업을 하고 나서 상대방을 얼마나 용서하고 있는지를 객관적으로 알아보기 위한 것입니다(p. 142).

용서하기 점수가 22점 이하이면 아직도 용서하기 수준이 낮은 것입니다. 잠시 쉬었다가 다시 한 번 동일한 상처를 대상으로 용서하기의 과정을 실천해 보십시오.

용서하기 점수가 23~32점 사이에 있으면 보통 수준으로, 두 가지 방향을 선택할 수 있습니다. 첫 번째는 이번 용서 대상에 대해서 다시 한 번 용서하기 작업을 함으로써 당신의 용서를 심화시키는 것입니다. 두 번째는 다른 용서 대상으로 넘어가는 것입니다.

33점 이상을 받아서 높은 용서하기 수준에 있다면 당신의 용서하기 작업은 크게 성공한 것입니다. 그러나 여기서 멈추지 말고 잠시 휴식을 취했다가 시간이 나는 대로 다른 대상을 선택해서 용서하기 작업을 반복해 볼 것을 권합니다. 용서하기를 계속 연습하게 되면 당신은 더욱 많이 치유되고 성장하게 될 것입니다.

당신에게 상처를 준 사람을 용서했지만 다시 그 사람에게서 상처를 받고 용서하지 못해서 괴로워해 본 적이 있습니까? 엔라이트 박사는 『용서하는 삶』이란 책에서 우리가 한두 번 용서하는 것으로는 용서의 열매를 맺을 수 없다고 말합니다. 용서를 계속 연습해서 용서를 내 성격과 내 삶의 일부로 만들고, 그래서 일상생활에서 용서를 자연스럽게 실천할 수 있어야 한다고 주장합니다. 용서가 내 성격의 일부가 되면 다른 사람을 공감하고 수용하는 능력이 생겨서 애초에 갈등이 발생하지 않을 수도 있고, 혹시 갈등이 생기더라도 용서를 이용해서 초기에 긍정적인 방향으로 해결할 수 있게 될 것입니다.

◈ 선희의 용서하기 점수

선희는 부모 용서하기 프로그램의 마지막 시간에 〈부록 3-3〉을 작성했습니다. 총점 33점으로, 선희는 이번에 작업한 상처에 대해서는 엄마를 많이 용서하고 있었습니다. 선희는 프로그램 진행자의 제안에 따라 여기서 멈추지 않고 시간이 되는 대로 다른 상처에 대해서도 용서하기를 연습해 볼 것을 결심했습니다.

◈ 희수의 용서하기 점수

희수가 받은 총점은 22점으로, 여전히 용서 수준이 낮은 것으로 나타났습니다. 그러나 희수는 용서하기의 과정을 거치면서 자신의 마음속에 많은 변화가 일어났다는 것을 알았습니다. 그래서 잠시 쉬었다가 다시 한 번 남편을 대상으로 용서하기의 과정을 시도해 보려고 합니다.

2) 용서하기에 대한 요약하기

당신이 실천한 용서하기에 대해서 정리하고 요약을 해 놓으면 이 번에 실천한 용서하기의 과정과 결과를 더 잘 이해할 수 있고, 다음에 다른 대상을 용서할 때도 많은 도움이 됩니다.

◈ 선희의 용서하기에 대한 요약하기

다음은 선희가 작성한 것입니다.

활동지 3-5: 나의 용서하기에 대한 요약(선희)

1. 나에게 상처를 준 사람을 용서하는 과정을 거치면서 얻은 것 은 무엇입니까?
   - 내가 받은 상처에 대해서 생각해 보는 시간이었다.
   - 남을 이해하고 용서할 수 있다는 것을 알게 된 것이 가장 큰 수확 이었다.
   - 상처를 용서하려면 어떻게 해야 하는지에 대해 배운 것이 실제로 다른 사람을 용서하는 데 적용되고 있음을 느꼈을 때 '내가 정말 꾸 준히 하기를 잘했구나.' 하는 생각이 들었다.

2. 상대방에게 용서를 실천하는 데 가장 도움이 된 것은 무엇입

니까?

- 엄마의 삶에 대해서 알아보는 과제를 하면서 정말 오랜만에 엄마와 웃으면서 이야기를 했다. 엄마가 그때 "난 우리 딸이 제일 예뻤는데, 다들 너는 쳐다보지도 않더라."라고 하시는데, 평소에는 표현도 잘 안 하시는 엄마이기에 더욱 큰 감동을 받았다.

- 이번에 '용서'라는 개념을 처음 배웠는데, 상대편과 관계없이 나 스스로 할 수 있다는 것을 알고 실천해 가면서 엄마를 조금씩 이해하게 되었다.

- 다른 사람이 나를 용서해 준 것처럼 나도 다른 사람을 용서해 주어야겠다고 깨달았다.

3. **상대방에게 용서를 실천하는 데 가장 방해가 된 것은 무엇입니까?**

- 상대방의 반응이 안 좋을까 봐 걱정이 되었고, 그 사람에게 먼저 다가가는 것이 제일 어려웠다.

- 그냥 묻어 두고 싶은 마음과 용서를 실천해야겠다는 마음이 공존했다.

- 엄마에게 잘해야겠다는 생각이 들다가도 또 다른 일로 엄마와 부딪히게 되면 '왜 그럴까?' '나는 도저히 이해가 안돼.'라는 생각이 들곤 했다.

- 다시 상처를 받을지도 모른다는 두려움이 있었다.

4. **용서하기를 실천하고 난 뒤에 나에게 일어난 변화는 무엇입니까?**

- 엄마뿐만 아니라 다른 가족과의 관계도 더 좋아졌다. 과제를 하기 위해 대화를 하면서 엄마가 내 이야기를 들어 주었고 아버지도 노

> 력해 주셨다. 그래서인지 집안 분위기가 조금씩 화목해졌고 동생
> 도 그 분위기에 놀라면서도 적응해 가고 있다.
> ─ 다른 사람들을 잘 이해하게 된 것도 좋았다.
> ─ 다른 사람들이 나에게 잘못을 해도 너그럽게 용서할 수 있는 그런
>   사람이 되어야겠다고 다짐했다.

3) 화해하기 작업으로 넘어가기

용서는 나 자신이 치유되는 것이고, 더 나아가서 두 사람의 관계
가 치유되기 위해서는 화해가 필요합니다. 비록 용서가 화해의 가
능성을 열어 주기는 하지만 좋은 관계를 회복하기 위해서는 두 사
람이 함께 적극적으로 노력하는 화해가 필요합니다.

만약 내가 상대방을 용서해 주었다면 그 다음에는 두 사람이 함
께 화해하기 작업으로 넘어갈 것을 강력히 추천합니다. 큰 맘 먹고
화해하기 작업까지 하게 된다면 두 사람의 관계는 한 차원 더 성숙
한 관계가 될 수 있습니다.

화해하기 작업에 대한 친절한 안내가 제3부에 제시되어 있으니
너무 어려워하지 말고 계속해서 용서와 화해의 항해를 계속해 나
가기를 바랍니다.

실습: 당신에게 적용하기

1. 용서하기 과정

당신은 용서하기의 과정을 시작할 준비가 되었습니까?

그럼 지금부터 용서하기의 과정을 하나씩 차례대로 걸어가 봅시다. 다음의 [그림 3-1]은 용서하기의 과정을 보여 줍니다.

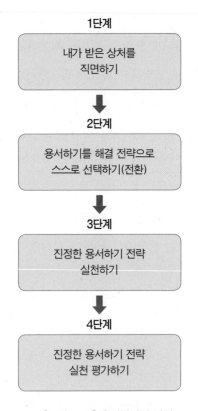

1단계

내가 받은 상처를
직면하기

2단계

용서하기를 해결 전략으로
스스로 선택하기(전환)

3단계

진정한 용서하기 전략
실천하기

4단계

진정한 용서하기 전략
실천 평가하기

[그림 3-1] 용서하기의 과정

1) 1단계: 당신의 상처 직면하기

제1장에서 당신이 작성한 [활동지 1-1: 내가 받은 상처 체크리스트]를 다시 한 번 읽어 보십시오(p. 41). 당신이 용서하기 작업을 위해서 선택한 상처는 무엇입니까? 언제 누구와 어떤 일이 있었습니까?

그 상처는 지금 현재 당신에게 어떤 부정적인 영향을 미치고 있습니까? 당신에게 어떤 부정적인 기분, 생각, 행동을 하게 했습니까? 잠시 시간을 내어 다음의 활동지를 작성하면서 부정적인 영향을 자세하게 점검해 보십시오. 각 항목의 것들이 내게 얼마나 영향을 주고 있는지 점수를 매겨 보십시오. 영향 점수는 0점(영향이 전혀 없음)에서 6점(영향이 매우 심함)으로 표시합니다.

활동지 1-2: 상처가 내게 미치는 영향 평가표

내가 받은 상처:

- -

영향 점수:

전혀 없음			중간			매우 심함
0	1	2	3	4	5	6

- -

기분:

화가 난다. _____ 배신감을 느낀다. _____

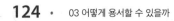

우울하다. _____   억울하다. _____

불안하다. _____

기타 기분 _____

_____

생각:

상대방을 믿지 못하게 되었다.   _____

이 세상이 불공평하다는 생각이 든다.   _____

내가 약하고 무능력하다는 생각이 든다.   _____

상처에 대해서 반복해서 계속 생각하게 된다.   _____

기타 생각 _____

_____

행동:

상대방과의 관계가 나빠졌다.   _____

식욕도 없고 잠도 잘 못 잔다.   _____

집안일/학교/직장 생활을 하기 힘들다.   _____

사람들을 피한다.   _____

기타 행동 _____

_____

2) 2단계: 용서하기를 해결 전략으로 스스로 선택하기(전환)

당신의 상처를 해결하기 위해서 지금까지 사용해 온 방법은 무엇입니까? 회피나 복수? 그것이 효과가 있었습니까? 새로운 해결 전략으로 용서를 스스로 시도해 볼 생각이 듭니까?

　당신이 용서하기 전략을 스스로 선택했다면 그것을 말이나 행동으로 표현해서 공식화하는 것이 좋습니다. 이를 위해 다음에 나오는 용서를 시도해 볼 것을 결심하는 서약서를 작성해 보십시오.

활동지 3-1: 용서 시도 결심 서약서

나는 나에게 상처를 준 (　　　　　　　)에 대해서 회피하거나 복수를 하지 않겠습니다.

그리고 다음을 약속합니다.
1. 그 사람에 대한 원한, 미움, 분노를 멈추겠습니다.
2. 그 사람을 이해하고, 공감하려고 노력하겠습니다.
3. 과거의 상처가 앞으로의 우리들의 관계에 영향을 미치지 않도록 노력하겠습니다.

이름:　　　　　　　　　　　　　　날짜:

---

3) 3단계: 진정한 용서하기 전략 실천하기

　앞에 제시한 [그림 3-2]에서 보는 것처럼 진정한 용서하기 전략에는 여덟 가지가 있습니다. 비록 종류가 많기는 하지만 전략 하나하나가 용서를 하는 데 큰 도움이 되므로, 각 전략을 실천하기 위해서 최대한 노력해 보십시오.

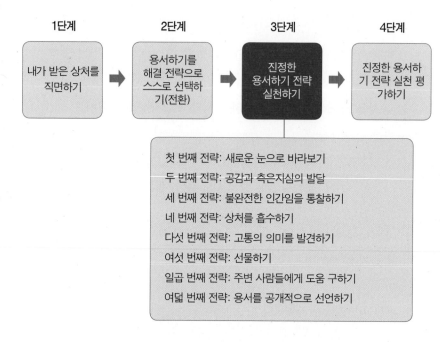

[그림 3-2] 진정한 용서하기 전략 실천하기

(1) 첫 번째 전략: 새로운 눈으로 바라보기

새로운 눈으로 바라보기는 당신에게 상처를 입힌 사람과 상처를 만든 사건을 맥락 속에서 다시 바라보면서 깊이 이해하는 것입니다. 맥락은 사물이 서로 연결되는 관계입니다. 따라서 맥락 속에서 바라본다는 것은 상처를 입힌 사람과 사건을 단편적으로 보는 것이 아니라 나와 상대방의 입장을 모두 고려하고, 과거와 현재와 미래라는 시간을 고려하고, 다양한 상황 등을 고려하면서 총체적으로 바라본다는 것입니다.

다음에 나온 활동지를 작성하면서 당신에게 상처를 준 사람의 삶을 전체적으로 살펴보는 기회를 가져 보십시오. 당신 혼자서 활동지를 작성할 수도 있지만 가능하면 상대방과 대화하면서 작성해 보십시오.

이 작업이 어려울 수도 있습니다. 하지만 필자가 실시한 부모 용서하기 프로그램에 참석한 사람들은 이 활동이 큰 도움이 되었다고 합니다. 특히 그 과제를 하기 위해서 부모와 대화를 시도하고, 부모가 자신의 이야기를 들어 주는 경험을 한 것, 자신도 모르는 부모의 삶을 알게 된 것 등이 부모를 새롭게 깊이 이해하는 데 많은 도움이 되었다고 합니다.

활동지 3-2: (   )의 삶

* 당신에게 상처를 준 사람을 위에 써 넣고, 다음을 중심으로 그 사람의 삶에 대해서 최대한 자세하게 써 보십시오.

1. 그 사람의 성장 과정은 어떠했습니까? (그 사람이 어린아이였을 때, 청소년이었을 때, 성인이 되었을 때 어떠했습니까? 구체적인 사건들을 예로 들면서 써 보십시오.)

_____

_____

_____

_____

_____

----

2. 당신에게 상처를 줄 당시, 그 사람의 삶은 어땠을까요? (구체
   적인 사건들을 예로 들면서 써 보십시오.)

----

3. 상대방의 장점을 세 가지만 써 보십시오.

----

4. 상대방의 단점을 세 가지만 써 보십시오.

활동지를 다 작성했습니까? 이제 당신이 받은 상처를 다시 생각해 보십시오. 왜 상대방은 당신에게 그런 상처를 주었을까요? 그때의 상황은 어떠했습니까? 어떻게 해서 그런 상황이 생겨나게 된 것일까요?

시간을 내서 자세하게 적어 보십시오.

---

(2) 두 번째 전략: 공감과 측은지심의 발달

두 번째 진정한 용서하기 전략은 상처를 입힌 사람에 대한 깊은 이해를 넘어서서 상대방의 감정에 공감(empathy)하고 측은지심(compassion)을 느끼는 것입니다. 공감은 상대방을 깊이 이해하게 될 때 생기는 감정으로, 상대방처럼 느끼는 것입니다. 상대방이 화날 때 나도 화가 나고, 상대방이 행복할 때 나도 행복한 것이 바로 공감입니다. 측은지심은 공감을 넘어서서 상대방을 불쌍하게 생각하고, 편안함과 따뜻함을 느끼는 것입니다.

당신에게 상처를 준 사람을 생각해 보십시오. 당신에게 상처를 주

었을 때 상대방은 어떤 감정을 느끼고 있었을까요? 지금 그 사람의
심정은 어떨까요? 그 사람의 잘못에도 불구하고 그 사람이 불쌍하
게 느껴집니까? 그 사람에게 따뜻한 마음이 생겨납니까?

시간을 내서 자세하게 적어 보십시오.

(3) 세 번째 전략: 우리가 모두 인간으로서 불완전한 존재라는
것을 통찰하기

당신에게 상처를 준 사람은 어떤 한계를 가지고 있습니까? 당신
은 어떤 단점과 한계를 가지고 있습니까?

당신이 누군가에게 잘못했지만 용서를 받았던 경험 하나를 생각
해 보십시오. 용서를 해 준 상대방이 고맙지 않았습니까? 나도 용서
를 받았으니 다른 사람을 용서해 주면 좋지 않겠습니까?

시간을 내서 당신의 생각을 자세하게 적어 보십시오.

_____

_____

_____

_____

_____

_____

_____

(4) 네 번째 전략: 상처를 흡수하기

당신이 받은 상처 때문에 화가 나서 상대방이나 주변 사람들에게 화풀이를 한 적이 있습니까? 그 사람들의 반응은 어떠했습니까? 당신이 받은 상처와 고통을 스스로 흡수함으로써 악순환을 멈추고 싶지 않은가요? 그렇다면 어떻게 해야 할까요?

시간을 내서 당신의 생각을 자세하게 적어 보십시오.

_____

_____

_____

_____

_____

_____

_____

(5) 다섯 번째 전략: 고통의 의미를 발견하기

당신이 받은 상처와 고통은 당신에게 어떤 의미가 있습니까? 당신의 인생에 방해만 되는 장애물입니까? 아니면 그 고통을 통해서 당신은 무엇을 얻게 되었습니까?

시간을 내서 당신의 생각을 자세하게 적어 보십시오.

(6) 여섯 번째 전략: 당신에게 상처를 준 사람에게 선물하기

선물은 상대방에 대한 호의와 사랑을 보여 주는 대표적인 예입니다. 용서하기에서 선물을 하는 것은 당신이 상대방을 얼마나 용서하고 있는지를 보여 주고, 용서를 더욱 튼튼하게 해 주며, 화해의 문까지 열어 줍니다.

당신은 상처를 준 사람에게 어떤 선물을 줄 수 있습니까? 다음의 활동지를 이용해서 선물 목록을 작성한 후 당신이 편하게 할 수 있는 순서대로 시도해 보십시오.

활동지 3-3: 상대방에게 줄 수 있는 선물 목록

무엇을 선물로 줄 수 있을까요?	당신이 느끼는 편안함의 정도
	아주 편안함 조금 편안함 별로 편안하지 않음 전혀 편안하지 않음
	아주 편안함 조금 편안함 별로 편안하지 않음 전혀 편안하지 않음
	아주 편안함 조금 편안함 별로 편안하지 않음 전혀 편안하지 않음
	아주 편안함 조금 편안함 별로 편안하지 않음 전혀 편안하지 않음

(7) 일곱 번째 전략: 주변 사람들에게 도움 구하기

당신의 아픔을 함께 나눌 수 있는 사람이 있습니까? 당신에게 좋은 조언을 해 줄 수 있는 사람이 있습니까? '백지장도 맞들면 낫다.' '사람에게서 받은 상처는 사람으로 풀어야 한다.'는 말이 있습니다. 상처를 혼자 안고서 너무 힘들어하지 말고 최대한 주변 사람들의 도움을 구하십시오.

당신은 누구에게 어떤 도움을 구할 수 있습니까? 시간을 내서 당신의 생각을 자세하게 적어 보십시오.

```
┌┄┄┄┄┄┄┄┄┄┄┄┄┄┄┄┄┄┄┄┄┄┄┄┄┄┄┄┄┄┄┄┐
┊                                     ┊
┊ ─────────────────────────────────── ┊
┊ ─────────────────────────────────── ┊
┊ ─────────────────────────────────── ┊
┊ ─────────────────────────────────── ┊
┊ ─────────────────────────────────── ┊
┊ ─────────────────────────────────── ┊
┊                                     ┊
└┄┄┄┄┄┄┄┄┄┄┄┄┄┄┄┄┄┄┄┄┄┄┄┄┄┄┄┄┄┄┄┘
```

(8) 여덟 번째 전략: 용서를 공개적으로 선언하기

용서는 힘든 과정이고, 중간에 포기하고 싶은 마음이 생겨날 수 있습니다. 당신의 용서를 가까운 사람들에게 공개하면 용서에 대한 회의나 후퇴를 어느 정도 막을 수 있습니다. 마치 담배를 끊을 때 주변 사람들에게 알리는 것과 같습니다.

다음의 용서하기 증서를 작성해 보십시오. 그리고 당신의 눈에 제일 잘 띄는 곳에 붙여 놓고서 당신이 용서하기 행동을 잘하고 있는지 자주 점검해 보십시오. 당신의 실천을 도와줄 가까운 사람을 보증인으로 세우는 것도 좋은 방법입니다.

활동지 3-4: 용서하기 증서

나는 이제 나에게 상처를 준 (   )를 용서합니다.

그리고 다음을 약속합니다.

1. 그 사람에 대해서 부정적으로 생각하고, 느끼고, 행동하지 않겠습니다.
2. 그 사람에 대해서 최대한 긍정적으로 생각하고, 느끼고, 행동하도록 노력하겠습니다.
3. 내 용서를 표현하기 위해서 그 사람에게 선물을 주도록 노력하겠습니다.

이름: 날짜:

보증인: 날짜:

4) 4단계: 진정한 용서하기 전략 실천 평가하기

당신은 여덟 개의 진정한 용서하기 실천 전략을 얼마나 잘 실행했습니까? 〈부록 3-2〉의 '진정한 용서하기 전략 실천 점검표'를 이용해서 당신이 각각의 전략을 얼마나 잘 수행했는지를 확인해 보십시오(p. 140). 만약 당신이 3점 이상으로 실천하지 못한 전략이 있으면 그 전략을 다시 한 번 수행하십시오.

2. 용서하기 결과 평가

1) 한국인 용서하기 척도 작성하기

용서하기의 과정을 거치고 난 뒤에 당신은 상대방을 얼마나 용서하게 되었습니까? 〈부록 3-3〉의 '한국인 용서하기 척도'를 작성해 보십시오. 당신의 용서하기 총점은 얼마입니까? (점)

점수의 해석 기준에 따르면 당신은 어떻게 해야 합니까? 당신의 계획을 구체적으로 적어 보십시오.

---

2) 나의 용서하기에 대한 요약하기

당신이 거쳐 온 용서의 과정을 요약해 놓으면 이번에 실천한 용서하기를 더 잘 이해할 수 있고, 다음에 다른 대상을 용서할 때도 도움이 될 것입니다. 다음 활동지를 자세히 작성해 보십시오.

활동지 3-5: 나의 용서하기에 대한 요약

1. 나에게 상처를 준 사람을 용서하는 과정을 거치면서 얻은 것은 무엇입니까?

   _____

   _____

   _____

2. 상대방에게 용서를 실천하는 데 가장 도움이 된 것은 무엇입니까?

   _____

   _____

   _____

3. 상대방에게 용서를 실천하는 데 가장 방해가 된 것은 무엇입니까?

   _____

   _____

   _____

4. 용서하기를 실천하고 난 뒤에 나에게 일어난 변화는 무엇입니까?

   _____

   _____

   _____

3) 화해하기 작업으로 넘어가기

용서는 나 자신이 치유되는 것이고, 더 나아가서 두 사람의 관계가 치유되기 위해서는 화해가 필요합니다. 비록 용서가 화해의 가능성을 열어 주기는 하지만 좋은 관계를 회복하기 위해서는 두 사람이 함께 적극적으로 노력하는 화해가 필요합니다.

만약 내가 상대방을 용서해 주었다면 그 다음에는 두 사람이 함께 화해하기 작업으로 넘어갈 것을 강력히 추천합니다. 이왕 큰 맘 먹고 화해하기 작업까지 하게 된다면 두 사람의 관계는 한 차원 더 성숙한 좋은 관계가 될 수 있습니다.

화해하기 작업에 대한 자세한 설명은 제3부에 나와 있습니다.

부록 3-1

상처를 받으면 사용하는 자아방어기제

종류	설명	예
억압	상처를 무의식으로 밀어내서 의식조차 하지 못하게 하는 것	배우자의 외도 사건을 기억조차 하지 못하는 것
부정	정확하게 보거나 듣는 것을 거부해서 지각한 것을 왜곡하거나 지각한 현실을 왜곡해서 현실과 다르게 받아들이는 것	배우자가 외도하는 증거가 있는데도 그런 일이 없다고 부정하거나 그런 일로 상처 받을 내가 아니라고 하면서 상처를 부정하는 것
합리화	부당하고 비합리적인 상처에 대해서 합리적인 설명을 제공하려고 노력하는 것	배우자의 외도가 기러기 아빠이기 때문이라고 변명하는 것
반동형성	실제로 느끼는 감정이나 생각과는 정반대로 표현하는 것	배우자를 증오하면서도 겉으로는 이해하고 용서한다고 하는 것
대치	상처를 받고서 다른 대상에게 부정적인 반응을 보이는 것	배우자에게 화가 난 것을 죄 없는 아이들을 혼내는 것으로 푸는 것
투사	나의 불편한 욕구나 감정을 다른 사람의 탓으로 돌리는 것	내가 배우자를 미워하는 것을 인정하기 싫어서, 배우자가 나를 미워한다고 하는 것
동일시	상처를 준 가해자처럼 되는 것	나도 모르게 배우자가 화를 내면 나도 화를 내고, 배우자가 거짓말을 하면 나도 거짓말을 하는 것

부록 3-2

진정한 용서하기 전략 실천 점검표

1. 당신에게 상처를 준 사람과 그 사건에 대해서 전체적인 맥락 속에서 이해하려고 노력했습니까?

전혀 아니다		보통이다		매우 그렇다
1	2	3	4	5

2. 당신에게 상처를 준 사람에 대해서 공감하고 측은지심을 느낍니까?

전혀 아니다		보통이다		매우 그렇다
1	2	3	4	5

3. 나와 상대방은 모두 불완전하며 잘못을 저지르기 쉬운 인간이기 때문에 누군가에게 상처를 주고 용서를 받을 필요가 있다고 생각합니까?

전혀 아니다		보통이다		매우 그렇다
1	2	3	4	5

4. 내가 받은 상처를 흡수하고 감내하고 있습니까?

전혀 아니다		보통이다		매우 그렇다
1	2	3	4	5

5. 당신이 받은 고통의 의미를 발견했습니까?

전혀 아니다		보통이다		매우 그렇다
1	2	3	4	5

6. 당신에게 상처를 준 사람에게 선물을 주었습니까?

전혀 아니다		보통이다		매우 그렇다
1	2	3	4	5

7. 주변 사람에게 도움을 구했습니까?

전혀 아니다		보통이다		매우 그렇다
1	2	3	4	5

8. 용서를 가까운 사람에게 공개적으로 선언했습니까?

전혀 아니다		보통이다		매우 그렇다
1	2	3	4	5

한국인 용서하기 척도

* 다음의 문항들은 당신이 받은 상처와 상처를 준 사람에 대해서 지금 어떻게 생각하고, 느끼고, 행동하는지에 대한 것입니다. 각 문항을 보고, 자신을 가장 잘 나타내 주는 곳에 ○표 해 주십시오. 한 문항도 빠뜨리지 말고 모두 응답해 주십시오.

	매우 그렇지 않다	대체로 그렇지 않다	그저 그렇다	대체로 그렇다	매우 그렇다
1. 그 사람에 대한 미움이 남아 있다	1	2	3	4	5
2. 그 사람을 봐도 마음이 편안하다.	1	2	3	4	5
3. 그 사람을 보면 화가 난다.	1	2	3	4	5
4. 그 사람을 봐도 아무렇지 않다.	1	2	3	4	5
5. 그 상처를 잊기 어렵다.	1	2	3	4	5
6. 그 일로 인해 사람들을 경계하게 되었다.	1	2	3	4	5
7. 그 사람과 웃으며 이야기할 수 있다.	1	2	3	4	5
8. 그 사람을 형식적으로 대한다.	1	2	3	4	5
9. 그 사람에게 잘해 주려고 노력한다.	1	2	3	4	5
10. 그 사람에게 편하게 연락한다.	1	2	3	4	5

[채점 방법]

● 한국인 용서하기 척도를 채점하는 방법은 다음과 같습니다.

① 2번, 4번, 7번, 9번, 10번의 점수를 더합니다.

② 1번, 3번, 5번, 6번, 8번의 점수를 역으로 바꿉니다. 바꾼 점수
를 더합니다. (예: 1점→5점, 2점→4점, 4점→2점, 5점→1점)

③ ①과 ②의 점수를 더하여 총점을 냅니다. 당신의 총점은 얼마
입니까? (점)

[점수 해석 방법]

● 한국인 용서하기 척도 총점을 해석하는 기준은 다음과 같습
니다.*

① 22점 이하: 낮은 수준

당신은 아직도 상처를 많이 받고 있으며, 그 때문에 당신의 생
각과 감정과 행동이 부정적입니다. 잠시 쉬었다가 다시 한 번
동일한 상처를 대상으로 용서하기의 과정을 실행해 보십시오.

② 23~32점: 보통 수준

두 가지 방향을 선택할 수 있습니다. 첫째, 이번 용서 대상에
대해서 다시 한 번 용서하기 작업을 함으로써 당신의 용서를
심화시키는 것입니다. 둘째, 다른 용서 대상으로 넘어가는 것
입니다.

③ 33점 이상: 높은 수준

---

* 백분위를 계산해서 22점 이하는 낮음, 23~32점은 보통, 33점 이상은 높음으로 해석
(오영희, 2011).

당신의 용서하기 작업은 크게 성공한 것입니다. 그러나 여기
서 멈추지 말고 잠시 휴식을 취했다가 시간이 나는 대로 다른
상처를 선택해서 용서하기 작업을 반복해 볼 것을 권합니다.
용서하기를 계속 연습하게 되면 당신은 더욱 많이 치유되고
성장하게 될 것입니다.

제2부

용서구하기

04 나는 다른 사람에게 어떤 상처를 입혔을까

결점이 많다는 것은 나쁜 것이지만,
그것을 인정하지 않는 것은 더 나쁜 것이다.

- 파스칼-

1. 내가 입힌 상처 체크리스트 작성

살아가면서 당신은 누군가에게 상처를 준 일이 있습니까? 상대방에게 용서를 구하고 싶지만 미안하기도 하고 창피하기도 해서 차일피일 용서 구하는 것을 미루다가 사태가 악화된 적은 없습니까?

우리는 일상생활에서 종종 누군가에게 상처를 받기도 하고 또 누군가에게 상처를 주기도 합니다. 상처 받기와 상처 주기가 분명하게 구분되는 경우도 있지만 때로는 서로 밀접하게 연관되어 있어서 구분이 어렵습니다. 선희의 사례를 보면 사춘기 때부터 선희와 엄마는 서로에게 상처를 많이 주고받고 있었습니다. 따라서 서로의 상처를 치유하기 위해서는 용서하기와 용서구하기가 모두 필요합니다.

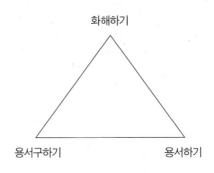

[그림 4-1] 용서의 삼각형

용서구하기와 용서하기는 마치 동전의 양면처럼 서로 꼭 필요한 용서의 두 가지 측면임에도 불구하고, 그동안 용서에 대한 연구는 용서하기에만 집중되어 있었습니다. 그러나 용서구하기도 매우 중요합니다. 용서구하기는 피해자가 용서하는 것을 도와주며 가해자가 상처를 입힌 데서 받은 고통을 치유해 줄 뿐만 아니라, 더 나아가 화해까지도 가능하게 해 줍니다.

그래서 용서전문가 엔라이트 박사는 용서하기, 용서구하기, 화해하기가 용서의 삼각형을 만든다고 말했습니다. 용서하기와 용서구하기의 과정을 거친 다음에 화해하기가 이루어질 때 용서의 삼각형은 완성됩니다. 가장 바람직한 순서는 가해자가 용서를 구하고, 피해자가 용서하는 과정을 거친 뒤에 화해하기로 넘어가는 것입니다. 그러나 상황에 따라서 용서하기와 용서구하기의 순서는 바뀔 수 있습니다. 선희의 사례처럼 선희가 우연히 학교에서 실시하는 용서 프로그램에 참여하면서 용서하기를 시작했고, 그 과정에서 엄마가 용서를 구할 필요를 느껴서 용서구하기를 한 것입니다. 단, 화해하기는 반드시 용서구하기와 용서하기가 이루어진 뒤에 시작해야만 합니다.

이 책의 제1부에서는 용서하기에 대해서 다루었고, 제2부에서는 용서구하기에 대해서 다루고자 합니다. 용서구하기 작업을 하기 위해서는 당신이 누군가에게 깊은 상처를 준 경우를 찾아야 합니다. 당신은 누군가에게 깊은 상처를 준 것 때문에 죄책감이나 수치심을 느끼고, 화가 나거나 우울하고, 잠도 못 자고, 일상생활에 크게 불편을 느낀 적이 있습니까?

선희 엄마와 희수 남편의 사례를 통해서 그들이 어떤 상처를 입혔는지를 자세히 점검해 보기로 합시다.

◈ 선희 엄마가 입힌 상처 체크리스트 작성(딸에게 상처를 줌)

얼마 전 선희 엄마는 딸이 학교에서 실시하는 부모 용서하기 프로그램에 참여한다는 것을 알게 되었습니다. 선희는 '엄마의 삶'이라는 과제를 작성해야 한다면서 자신에게 여러 가지를 물어 왔습니다. 오랜만에 딸과 진지한 대화를 나누면서 선희 엄마는 그동안 두 사람 사이에 많은 오해와 상처가 있었다는 것을 알게 되었습니다. 선희 엄마는 딸에게 상처를 준 것에 대해서 제대로 사과하고 용서를 구하고 싶었습니다.

딸에게 물어보니 '용서구하기 프로그램 안내서'도 있다고 해서 그것을 구입했습니다. 그리고 그 프로그램을 순서대로 하나씩 따라 해 보기로 했습니다.

먼저 선희 엄마는 용서구하는 대상을 찾기 위해서 [활동지 4-1: 내가 입힌 상처 체크리스트]를 작성했습니다.

활동지 4-1: 내가 입힌 상처 체크리스트(선희 엄마)

* 우리는 살아가면서 가끔씩 다른 사람에게 상처를 입혀서 그 사람을 아프게 할 때가 있습니다. 내가 다른 사람을 부당하게, 그리고 상당히 아프게 했던 경험을 한 가지만 생각해 보십시오. 힘들겠지만 언제, 어떤 일이 일어났는지, 나와 상대방에게 어떤 영향을 미치고 있는지를 자세히 떠올려 보십시오. 그 후에 다음의 질문에 대답하십시오.

1. 언제 그 일이 발생했습니까?

_____ 일 전 _____ 주 전 _____ 달 전

_____2_____ 년 전

2. 그 일로 인해 상대방은 얼마나 상처를 받았습니까?

전혀 상처를   매우 많은
받지 않음   상처를 받음

   1   2   3   (4)   5

> ● **잠깐!**
> ① 2번 질문에서 3점 이상이라고 대답한 경우에만 다음 질문으로 넘어
> 가십시오.
> ② 3점 이하인 경우에는 당신이 큰 상처를 준 다른 경험을 떠올린 후
> 1번 질문부터 다시 시작하십시오.

3. 누구와 어떤 일이 있었습니까? (최대한 구체적으로 적어 보십시오.)

고등학교 때 딸에게 공부를 안 해서 걱정된다고 말하니 딸이 엄청 화를 내면서 알아서 잘할 테니 간섭하지 말라고 했다. 고 3이 되고 딸이 수능을 잘 볼 수 있다고 큰소리를 쳤는데, 수능 점수가 너무 안 나왔다. 그래서 그동안 쌓였던 것이 폭발해서 딸을 욕하고 때렸다. 그리고 머리도 안 좋은데 노력까지 안 하면, 결국 인생 낙오자가 될 거라는 말까지 했다.

4. 그 일은 나에게 어떤 영향을 미치고 있습니까? 상대방에게는 어

떤 영향을 미치고 있습니까? (최대한 구체적으로 적어 보십시오.)

그 일 이후로 딸은 며칠간 가출했다. 그 일 때문에 집안이 완전히 뒤집어졌다. 남편도 나에게 너무 심했다며 화를 많이 냈다. 며칠 뒤 딸이 집에 들어온 후에도 딸은 나를 피하고 거의 말을 하지 않았다. 대학생이 된 지금도 딸과의 관계는 회복되지 않고 있다.

사실 그때 일은 내가 많이 잘못했다. 내가 딸을 때렸다는 것이 너무 창피하고 미안해서 그 일을 다시 생각하고 싶지 않았다. 나는 딸이 내가 이루지 못한 꿈을 이루어 주기를 바랐다. 좋은 직업을 가지고 경제적으로 여유 있고 당당하게 살기를 바랐다. 그래서 딸에게 많은 기대를 걸고 좋은 대학에 가기를 원했다. 그런데 딸이 받은 성적으로는 좋은 대학에 갈 수가 없었다. 기대가 큰 만큼 실망도 커서 그런 심한 행동을 하게 된 것 같다.

◈ 희수 남편이 입힌 상처 체크리스트 작성(아내에게 상처를 줌)

며칠 전 희수 남편인 현우는 아내가 밤에 거실에서 혼자 울고 있는 것을 보고 너무 마음이 아팠습니다. 그래서 아내에게 진심으로 미안하다고 말하고 이번 한 번만 자신을 용서해 달라고 빌었습니다.

다음 날 아침, 식탁에 '용서구하기 프로그램 안내서'가 놓여 있었고, "아이들을 위해서 함께 노력해 봐요."라는 아내의 메모가 붙어 있었습니다. 현우는 아내와 아이들을 위해서 안내서를 따라 해 보기로 결심했습니다.

먼저 현우는 [활동지 4-1: 내가 입힌 상처 체크리스트]를 작성했습니다.

활동지 4-1: 내가 입힌 상처 체크리스트(희수 남편)

* 우리는 살아가면서 가끔씩 다른 사람에게 상처를 입혀서 그 사람을 아프게 할 때가 있습니다. 내가 다른 사람을 부당하게, 그리고 상당히 아프게 했던 경험을 한 가지만 생각해 보십시오. 힘들겠지만 언제, 어떤 일이 일어났는지, 나와 상대방에게 어떤 영향을 미치고 있는지를 자세히 떠올려 보십시오. 그 후에 다음의 질문에 대답하십시오.

1. 언제 그 일이 발생했습니까?

_____ 일 전 _____ 주 전 _____ 달 전

_____1_____ 년 전부터 최근까지

2. 그 일로 인해 상대방은 얼마나 상처를 받았습니까?

전혀 상처를 받지 않음				매우 많은 상처를 받음
1	2	3	4	⑤

● 잠깐!

① 2번 질문에서 3점 이상이라고 대답한 경우에만 다음 질문으로 넘어가십시오.

② 3점 이하인 경우에는 당신이 큰 상처를 준 다른 경험을 떠올린 후 1번 질문부터 다시 시작하십시오.

3. 누구와 어떤 일이 있었습니까? (최대한 구체적으로 적어 보십시오.)

회사가 인원 감축 문제로 위기에 처해 있었다. 그래서 회사 동료들끼리 종종 술자리를 가지면서 정보도 교환하고 스트레스를 풀고 있었는데, 우연히 기획실의 ○○와 함께 자리를 하게 되었다. ○○는 미인이고, 기획 아이디어를 얻기 위해서 몇 번 만나다 보니 마음이 통했다. 아이들만 챙겨 주고 나에게는 무관심한 아내 때문에 너무 외로웠던 나는 밝고 따뜻한 ○○와 있는 시간이 편해서 점점 더 자주 만나게 되었다.

4. 그 일은 나에게 어떤 영향을 미치고 있습니까? 상대방에게는 어떤 영향을 미치고 있습니까? (최대한 구체적으로 적어 보십시오.)

힘들어하는 아내와 아이들의 모습을 보면서 나는 너무나 큰 죄책감을 느낀다. 내 잘못으로 15년 동안이나 잘 가꾸어 오던 가정이 한순간에 무너져 버렸다. 내가 못난 놈이라는 생각이 많이 들고, 어떻게 이 사태를 해결해야 할지 막막하기만 하다. 잠도 잘 안 오고 회사 일에도 집중하기가 어렵다.

아내는 너무 힘들어하고 있다. 살도 많이 빠졌으며 사소한 일에도 화를 많이 내고, 나와는 말도 안 한다. 집안일도 거의 손을 놓고 있고, 외출도 거의 안 하며, 방에만 틀어박혀 있다. 아이들도 불편한 집안 분위기 때문에 많이 불안해하고 학교에서 돌아오면 자기들 방에 들어가서 나오지 않는다.

체크리스트를 다 작성했습니까? 아마 지금쯤 당신의 마음이 매우 불편할 수도 있습니다. 당신이 누군가에게 상처를 주었다는 사실을 떠올리는 것은 매우 힘든 일이기 때문입니다. 제1부의 용서하기에서 이미 말했지만 우리는 의식적 또는 무의식적으로 자기 자신을 보호하기 위해서 고통을 최대한 부인하고 회피하는 경향이 있습니다. 그러나 상처를 제대로 치유하기 위한 첫 번째 단계는 상처와 고통에 직면하는 것입니다. 즉, 당신이 상처를 입혔다는 것을 확실하게 깨닫는 것입니다. 당신의 잘못으로 누군가를 아프게 한 것이 너무 창피하고 죄책감마저 들어서 그 일을 다시 떠올리기조차 싫지만 당신과 상대방 모두를 위해서 그 상처를 자세하게 기억해 보십시오.

이 체크리스트에서는 심각성이 3점 이상인 상처를 찾아보라고 했습니다. 왜 그럴까요? 제1부 용서하기에서 설명했지만 용서는 사소한 상처보다는 깊은 상처를 치유하는 데 효과적인 방법이기 때문입니다. 반면에 너무 심각한 상처도 첫 번째 용서구하기 작업의 대상으로는 좋지 않습니다. 왜냐하면 상처가 너무 깊으면 용서구하기의 과정을 따라가기가 매우 힘들기 때문입니다. 따라서 당신이 용서구하기 작업을 연습하는 초기에는 상처의 심각성이 3~4점 정도의 상처가 적합합니다. 아주 깊은 상처는 당신이 용서구하기를 여러 번 연습해 보고 나서 그 작업이 익숙해지고 어느 정도 자신감이 생겼을 때 다루는 것이 좋습니다.

2. 내가 상처를 입힌 사람

당신은 누구에게 상처를 입혔습니까? 친구, 애인, 남편, 시어머니, 직장 동료, 선생님?

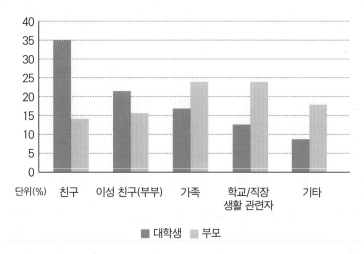

[그림 4-2] 내가 상처를 입힌 사람(피해자)

출처: 오영희, 2015.

우리나라 성인들(대학생과 부모들)은 친구 및 가족과 같은 가까운 사람들에게 상처를 가장 많이 주는 것으로 나타났습니다. 보다 구체적으로 대학생들은 친구, 이성 친구, 가족, 학교생활 관련자의 순으로 상처를 주고 있었고, 부모는 가족, 부부, 직장 생활 관련자, 친구 순으로 상처를 주고 있었습니다.

대학생과 부모의 피해 대상을 비교해 보니 가장 차이가 많이 나는 영역은 친구와 학교(직장) 생활 관련자 영역이었습니다. 대학생은 피해 대상이 친구인 경우가 부모보다 두 배 더 많았습니다. 반면에 부모는 직장 생활 관련자에게 상처를 준 경우가 대학생의 세 배에 달했습니다. 이러한 차이는 사람들이 생활하는 시공간의 차이에서 생겨난다고 볼 수 있습니다. 대학생은 친구들과 보내는 시간이 많고, 부모는 직장에서 보내는 시간이 많기 때문에 상처를 주는 대상도 차이가 있는 것입니다.

이 밖에도 부모의 경우에 부부가 가족의 영역에 해당되므로 부부와 다른 가족의 사례를 합치면 가족에게 상처를 준 사례가 전체의 반 이상(53.6%)을 차지하였습니다. 이것은 가족 내에서의 용서구하기가 매우 필요하다는 것을 말해 줍니다.

요약하면 내가 상처를 받는 경우처럼 내가 상처를 입히는 대상도 함께 생활하는 친구 및 가족과 같은 가까운 사람들입니다. 그 때문에 나와 상대방에게 미치는 부정적인 영향력도 크고, 해결해야 할 필요성도 큽니다.

3. 상처를 입힌 것이 나와 상대방에게 미치는 영향

내가 용서구하기 작업을 위해서 선택한 상처는 지금 현재 나와 상대방에게 어떤 영향을 미치고 있습니까? 내가 상처를 주었을 때는 나에게 미치는 영향뿐만 아니라 그 상처가 상대방(피해자)에게 어떤 고통을 주고 있는지도 함께 고려해 보는 것이 필요합니다. 나뿐만 아니라 상대방의 고통에 직면하는 것이 내가 왜 그리고 어떻게 용서를 구해야 하는지를 알려 주기 때문입니다. 그리고 과거가 아니라 지금 현재 미치는 영향이 중요합니다.

1) 상처를 입힌 것이 내게 미치는 영향(가해자 입장)

먼저 상처를 입힌 것이 지금 현재 나에게 어떤 영향을 미치고 있습니까?

내가 다른 사람에게 상처를 주게 될 때 가장 많이 나타나는 부정적인 기분은 죄책감과 수치심입니다. 상처를 준 사람에게 죄책감을 느끼며 미안한 마음이 들고 후회가 됩니다. 또 그런 상처를 준 내가 수치스럽고, 부끄럽고, 창피합니다. 이렇게 죄책감과 수치심을 느끼는 것은 용서를 구하는 데 방해가 되기도 하고, 도움이 되기도 합니다. 죄책감과 수치심 때문에 자신이 상처를 입힌 것을 부인하고 회피한다면 방해가 되는 것이고, 그것 때문에 빨리 용서를 구하고 싶은 마음이 든다면 도움이 되는 것입니다.

또한 다른 사람에게 상처를 주게 되면 자신이나 세상에 대한 생각이 부정적으로 바뀌게 됩니다. 잘못을 한 자신이 바보 같고, 무능력하다는 생각을 하면서 자신을 비하하고 불신하게 되기도 하고, 인간관계에 대해서도 다시 생각해 보게 됩니다. 또한 상대방과의 관계가 나빠지고, 입맛을 잃고, 불면증에 시달리기도 하며, 학교나 직장 생활에서 불편을 느끼기도 합니다.

상처를 입힌 것이 내게 미치는 영향을 평가하기 위해서는 [활동지 4-2: 상처를 입힌 것이 내게 미치는 영향 평가표]를 활용해 보십시오. 각 항목에 대해서 내게 얼마나 영향을 주고 있는지를 점수로 표시하면서 구체적으로 점검해 보십시오. 영향 점수는 0점(영향이 전혀 없음)에서 6점(영향이 매우 심함)입니다.

수능 성적이 좋지 않다고 딸을 때리고 폭언을 하면서 상처를 준 선희 엄마는 그 일 때문에 어떤 영향을 받고 있을까요? 다음은 선희 엄마가 작성한 평가표입니다.

활동지 4-2: 상처를 입힌 것이 <u>내게 미치는 영향</u> 평가표
(가해자 입장)

내가 입힌 상처: 딸의 수능 성적 결과가 나쁘게 나오자 실망해서 딸을 때리고 폭언을 했다.

영향 점수:

전혀 없음			중간			매우 심함
0	1	2	3	④	5	6

기분:

죄책감(후회, 미안함)을 느낀다.	6
수치심(부끄러움, 창피함)을 느낀다.	6
나에게 화가 난다. 6 상대방에게 화가 난다.	3
불안하다. 4 배신감(서운함)을 느낀다.	5
기타 기분	

생각:

상대방을 믿지 못하게 되었다.	5
인간관계에 대해 다시 생각하게 되었다.	4

내가 부족하고 단점이 많다는 생각이 든다.	5
상처 입힌 것에 대해서 반복해서 계속 생각하게 된다.	4
기타 생각	

화를 참지 못하고 심한 행동을 한 나 자신이 한심하고 못나 보인다.

행동:

상대방과의 관계가 나빠졌다.	6
식욕도 없고 잠도 잘 못 잔다.	2
집안일/학교/직장 생활을 하기 힘들다.	3
사람들을 피한다.	4
기타 행동	

남편과 아들과의 관계도 나빠졌다.

2) 상처를 입힌 것이 상대방에게 미치는 영향(피해자 입장)

내가 입힌 상처는 지금 현재 상대방에게 어떤 영향을 미치고 있을 까요? 이것은 내가 피해자의 입장이 되어서 생각해 보는 것입니다.

1장에서도 말했지만 깊은 상처를 받게 되면 가장 많이 나타나는 것이 부정적인 기분입니다. 상처를 준 사람에 대한 강한 분노와 배신감을 느끼고, 부당하게 상처를 받아서 억울하고, 우울하고, 불안해합니다.

또 자신이나 세상에 대한 생각이 부정적으로 바뀌기도 합니다. 자신이 무능하고 약해서 상처를 받았다고 생각하고, 자신에게 상처를 준 가해자를 불신하며, 정의가 실현되지 않는 이 세상이 불공평하다고 생각합니다. 또한 상처의 영향은 행동으로 나타나기도 합니다. 잠이 안 오고, 입맛이 떨어지고, 학교나 직장 생활을 제대로 하기가 힘들고, 상대방과의 관계가 나빠지고, 더 나아가서 다른 인간관계까지 나빠집니다.

내가 입힌 상처가 내게 미치는 영향(가해자 입장)과 상대방에게 미치는 영향(피해자 입장)을 비교해 보면 가장 큰 차이는 기분 영역에서 나타납니다. 즉, 내가 상처를 준 가해자의 경우에는 죄책감과 수치심을 많이 느끼지만 상처를 받은 피해자의 경우에는 분노와 배신감을 많이 느낍니다.

내가 준 상처가 상대방에게 미치는 영향을 알아보기 위해서 다음의 활동지를 이용해서 평가해 보십시오. 각 항목에 대해서 상대방에게 얼마나 영향을 주고 있는지를 점수로 표시하면 됩니다. 영향점수는 0점(영향이 전혀 없음)에서 6점(영향이 매우 심함)입니다.

다음은 선희 엄마가 딸의 입장이 되어서 작성한 평가표입니다.

활동지 4-3: 상처를 입힌 것이 상대방에게 미치는 영향 평가표
(피해자 입장)

내가 입힌 상처: 딸의 수능 성적 결과가 나쁘게 나오자 실망해서 딸을 때리고 폭언을 했다.

영향 점수:

전혀 없음			중간			매우 심함
0	1	2	3	4	⑤	6

기분:

화가 난다.	5	배신감을 느낀다.	5
우울하다.	5	억울하다.	4
불안하다.	5		

기타 기분 _____

_____

생각:

상대방을 믿지 못하게 되었다.	5
이 세상이 불공평하다는 생각이 든다.	5
내가 약하고 무능력하다는 생각이 든다.	5
상처에 대해서 반복해서 계속 생각하게 된다.	4

기타 생각 _____

_____

행동:

상대방과의 관계가 나빠졌다.	6
식욕도 없고 잠도 잘 못 잔다.	3
집안일/학교/직장 생활을 하기 힘들다.	4
사람들을 피한다.	4

기타 행동 _딸이 며칠간 가출했다._

_____

▨▨▨ 실습: 당신에게 적용하기 ▨▨▨

1. 내가 입힌 상처 체크리스트 작성

　당신은 누군가에게 상처를 주고 나서 괴로워한 적이 있습니까? 당신이 용서구하기 작업을 시작하고 싶은 마음이 있다면 가장 먼저 당신이 누구에게, 어떤 상처를 주었는지를 찾아내야 합니다. 잠시 시간을 내서 다음의 상처 체크리스트를 작성해 보십시오.

활동지 4-1: 내가 입힌 상처 체크리스트

＊ 우리는 살아가면서 가끔씩 다른 사람에게 상처를 입혀서 그 사람을 아프게 할 때가 있습니다. 내가 다른 사람을 부당하게, 그리고 상당히 아프게 했던 경험을 한 가지만 생각해 보십시오. 힘들겠지만 언제, 어떤 일이 일어났는지, 나와 상대방에게 어떤 영향을 미치고 있는지를 자세히 떠올려 보십시오. 그 후에 다음의 질문에 대답하십시오.

1. 언제 그 일이 발생했습니까?

_____ 일 전 _____ 주 전 _____ 달 전 _____ 년 전

2. 그 일로 인해 상대방은 얼마나 상처를 받았습니까?

전혀 상처를 받지 않음				매우 많은 상처를 받음
1	2	3	4	5

● 잠깐!

① 2번 질문에서 3점 이상이라고 대답한 경우에만 다음 질문으로 넘어 가십시오.

② 3점 이하인 경우에는 당신이 큰 상처를 준 다른 경험을 떠올린 후 1번 질문부터 다시 시작하십시오.

---

3. 누구와 어떤 일이 있었습니까? (최대한 구체적으로 적어 보십시오.)

----

4. 그 일은 나에게 어떤 영향을 미치고 있습니까? 상대방에게는 어떤 영향을 미치고 있습니까? (최대한 구체적으로 적어 보십시오.)

체크리스트를 다 작성했습니까? 아마 지금쯤 당신의 마음이 매우 불편할 수도 있습니다. 당신이 누군가에게 상처를 주었다는 사실을 떠올리는 것은 매우 힘든 일이기 때문입니다. 제1부의 용서하기에서 이미 말했지만 우리는 의식적 또는 무의식적으로 자기 자신을 보호하기 위해서 고통을 최대한 부인하고 회피하는 경향이 있습니다. 그러나 상처를 제대로 치유하기 위한 첫 번째 단계는 상처와 고통에 직면하는 것입니다. 즉, 당신이 상처를 입혔다는 것을 확실하게 깨닫는 것입니다.

이 체크리스트에서는 심각성이 3점 이상인 상처를 찾아보라고 했습니다. 왜 그럴까요? 앞에서 설명했지만 용서는 사소한 상처보다는 깊은 상처를 치유하는 데 효과적인 방법이기 때문입니다. 반면에 너무 심각한 상처도 첫 번째 용서구하기 작업의 대상으로는 좋지 않습니다. 왜냐하면 상처가 너무 깊으면 용서구하기의 과정을 따라가기가 너무 힘들기 때문입니다. 따라서 당신이 용서구하기 작업을 연습하는 초기에는 상처의 심각성이 3~4점 정도의 상처가 적합합니다. 아주 깊은 상처는 당신이 용서구하기를 여러 번 연습해 보고 나서 그 작업이 익숙해지고 어느 정도 자신감이 생겼을 때 다루는 것이 좋습니다.

당신의 첫 번째 용서구하기 작업에 적합한 상처를 찾기 위해서 상처 체크리스트를 여러 번 작성해 보십시오. 한 사람에게 여러 번의 상처를 주었을 경우에는 각각의 상처를 하나씩 독립적으로 평가하십시오. 예를 들어, 자녀에게 큰 상처를 세 번 주었다면 세 개의 상처 체크리스트를 작성하십시오.

2. 상처를 입힌 것이 나와 상대방에게 미치는 영향

1) 나에게 미치는 영향(가해자 입장)

당신이 용서구하기 작업을 위해 선택한 상처는 지금 현재 당신에게 어떤 영향을 미치고 있습니까? 다음 [활동지 4-2]를 이용해서 영향을 자세하게 평가해 보십시오. 각 항목에 대해서 내게 얼마나 영향을 주고 있는지를 점수로 표시하면 됩니다. 영향 점수는 0점(영향이 전혀 없음)에서 6점(영향이 매우 심함)입니다.

활동지 4-2: 상처를 입힌 것이 내게 미치는 영향 평가표 (가해자 입장)

내가 입힌 상처:

- -

영향 점수:

전혀 없음			중간			매우 심함
0	1	2	3	4	5	6

기분:

죄책감(후회, 미안함)을 느낀다. ＿＿＿＿＿

수치심(부끄러움, 창피함)을 느낀다. ＿＿＿＿＿

나에게 화가 난다. ＿＿＿＿＿ 상대방에게 화가 난다. ＿＿＿＿＿

불안하다. ＿＿＿＿＿ 배신감(서운함)을 느낀다. ＿＿＿＿＿

기타 기분　　_____

　　　　　　　_____

생각:

상대방을 믿지 못하게 되었다.　　　　　　　_____

인간관계에 대해 다시 생각하게 되었다.　　　_____

내가 부족하고 단점이 많다는 생각이 든다.　_____

상처 입힌 것에 대해서 반복해서 계속 생각하게 된다._____

기타 생각　　_____

　　　　　　_____

행동:

상대방과의 관계가 나빠졌다.　　　　　　_____

식욕도 없고 잠도 잘 못 잔다.　　　　　　_____

집안일/학교/직장 생활을 하기 힘들다.　　_____

사람들을 피한다.　　　　　　　　　　　_____

기타 행동　　_____

　　　　　　_____

2) 상대방에게 미치는 영향(피해자 입장)

당신이 용서구하기 작업을 위해 선택한 상처는 지금 현재 상대방에게 어떤 영향을 미치고 있습니까? 다음 활동지를 이용해서 평가해 보십시오.

활동지 4-3: 상처를 입힌 것이 상대방에게 미치는 영향 평가표
(피해자 입장)

내가 입힌 상처:

영향 점수:

전혀 없음			중간			매우 심함
0	1	2	3	4	5	6

기분:

화가 난다. _____   배신감을 느낀다. _____

우울하다. _____   억울하다. _____

불안하다. _____

기타 기분 _____

_____

생각:

상대방을 믿지 못하게 되었다.   _____

이 세상이 불공평하다는 생각이 든다.   _____

내가 약하고 무능력하다는 생각이 든다.   _____

상처에 대해서 반복해서 계속 생각하게 된다.   _____

기타 생각 _____

_____

행동:

상대방과의 관계가 나빠졌다. _____

식욕도 없고 잠도 잘 못 잔다. _____

집안일/학교/직장 생활을 하기 힘들다. _____

사람들을 피한다. _____

기타 행동 _____

_____

05 용서구하기란 무엇일까

부드럽지 못한 말로
남에게 상처를 준 칼날의 문이 있다면
용서를 구할 수 있는
'넉넉한 마음의 열쇠'를 드리려 합니다

- 작자 미상 -

1. 용서구하기의 정의

이 장은 당신이 누군가에게 용서를 구하는 구체적인 작업을 시작하기 전에 용서구하기에 대해서 올바르게 이해하도록 도와줍니다. 앞에서도 말했지만 용서구하기에 대해서 제대로 이해할수록 실제 생활에서 용서구하기를 잘 실천할 수 있습니다. 따라서 이 장을 꼼꼼히 읽으면서 용서구하기를 충분히 이해하고 난 후, 다음 장으로 넘어갈 것을 권합니다.

용서구하기는 '내가 다른 사람에게 부당하게 깊은 상처를 입히고 난 다음에 생겨나는 부정적인 반응을 극복하고, 더 나아가서 긍정적인 반응을 보이는 것'을 말합니다.

용서구하기의 정의를 더 자세히 살펴봅시다.

1) 용서구하기는 다른 사람에게 부당하게 깊은 상처를 입혔을 때 하는 것입니다

부당하다는 것은 우리가 옳다고 생각하는 정의(正義)에 어긋나는 것을 말합니다. 예를 들어, 연락도 없이 놀다가 술에 취해 늦게 들어온 남편에게 아내가 화를 내는 것은 부당한 일이 아닙니다. 그러나 미리 연락하고 회사에서 일을 하다가 새벽에야 겨우 들어온 남편에게 화를 내는 것은 부당한 일입니다.

또한 용서구하기는 내가 준 상처가 깊고 심각한 경우에 적합합니다. 친구와의 약속을 깜빡한 것과 같은 가벼운 상처는 참을 수 있고,

쉽게 잊을 수 있으며, 사람과 사람 사이를 멀어지게 하지 않기 때문에 용서구하기가 필요 없습니다. 반면에 나쁜 거짓말, 폭력, 외도와 같은 깊은 상처는 참기 어렵고, 쉽게 잊을 수도 없으며, 사람 사이를 갈라놓습니다. 그래서 보다 상처를 근본적으로 치료해 주며, 다시 상대방과 화해하고 결합할 가능성을 제공해 주는 용서구하기가 필요합니다.

2) 진정한 용서구하기는 무조건적으로 일어납니다

어떤 사람들은 용서를 구하는 데 조건을 붙이기도 합니다. 예를 들면, 용서를 구하는 것이 나에게 도움이 되거나 상대방의 반응이 우호적일 경우에만 용서를 구하려고 합니다. 그러나 용서하기처럼 용서구하기도 조건 없이 해야 합니다. 손익계산서를 작성하지 말고 또 상대방의 반응과 관계없이 무조건적으로 해야 합니다. 내가 상처를 입혀서 상대방이 고통을 당하고 있기 때문에 상대방을 위한 사랑과 자비의 원리에 따라 무조건적으로 해야 하는 것입니다.

3) 진정한 용서구하기의 결과는 기분, 생각, 행동의 변화를 모두 포함합니다

진정한 용서구하기는 내가 상처를 준 뒤에 생겨난 나와 상대방에 대한 부정적인 기분, 생각, 행동이 감소하고, 더 나아가서 긍정적인 기분, 생각, 행동으로 변화하는 것을 말합니다. 즉, 단순히 미안하다고 말하는 데서 그치지 않고, 죄책감이나 수치심을 느끼지 않고 더 나아가서 자기 자신과 상대방에 대해서 긍정적으로 생각하고, 좋은 기분을 가지고, 호의적으로 행동하는 것까지를 포함합니다.

4) 용서구하기는 화해하기가 아닙니다

용서구하기를 화해하기와 같은 것으로 오해하고는 상대방에게 용서를 구했는데 상대방의 반응이 없거나 부정적인 반응을 보이면 내가 다시 상처를 받는 경우가 있습니다. 사실 사람들이 용서구하기를 망설이는 이유 중의 하나도 상대방이 거부하면 어쩌나 하는 불안감 때문입니다. 그러나 용서구하기는 단지 화해의 가능성만을 열어 놓을 뿐이며, 화해하기는 용서구하기보다 더 많은 조건을 필요로 합니다. 가장 바람직한 용서구하기와 화해하기의 과정은 내가 용서를 구하면 상대방이 용서를 해 주는 과정이 선행된 다음에 둘이 함께 화해하기 위해서 노력하는 것입니다. 따라서 내가 용서를 구한 다음에는 상대방이 그것을 받아들이고 나를 용서할 수 있는 충분한 시간과 기회를 주어야 합니다. 그런 다음에 화해를 위해서 함께 노력하는 것이 필요합니다.

2. 다양한 용서구하기의 종류

용서하기처럼 용서구하기에도 세 가지 종류가 있습니다.

첫째, '방편적 용서구하기'는 나의 이익을 위한 방편이나 수단으로 용서를 구하는 것입니다. 희수 남편이 자신의 죄책감이나 불편함에서 벗어나기 위해서 진지한 자기 반성과 후회도 없이 얼른 아내에게 용서를 구하는 것입니다.

둘째, '역할기대적 용서구하기'는 주위에서 기대하거나 강요하기 때문에 용서를 구하는 것입니다. 다른 가족이 외도를 한 희수 남편을 보고 무조건 아내에게 잘못을 빌라고 해서 용서를 구하는 것입니다.

셋째, '진정한 용서구하기'는 내가 아닌 상대방의 상처와 고통을 줄여 주기 위한 배려와 사랑에서 용서를 구하는 것입니다. 내가 편해지기 위해서가 아니라 아내가 힘들어하기 때문에 아내의 고통을 줄여 주기 위해서 용서를 구하는 것입니다.

용서를 구할 때는 진정한 용서구하기를 해야 합니다. 즉, 상대방에게 상처를 주었다는 것을 잘 알고, 진심으로 뉘우치고, 내가 아닌 상대방의 상처와 고통이 치유되기를 바라면서 용서를 구해야 합니다. 그렇지 않고서 주변에서 요구하니까 마지못해서 용서를 구하거나 내가 편해지기 위해서 용서를 구하게 되면 상대방도 그것을 알게 됩니다. 그렇게 되면 상대방은 당신을 더욱 불신하면서 용서해 주지 않을 수도 있고, 당신의 이기적이고 진실하지 않은 태도나 행동 때문에 또 다른 상처를 입게 될 수도 있습니다.

3. 용서구하기의 필요성

사실 자신의 잘못을 인정하고 용서를 구한다는 것은 자존심이 상하고 힘든 일입니다. 오히려 그냥 묻어 두고 넘어가는 것이 더 마음편할 수도 있습니다. 그런데 왜 군이 용서구하기가 필요할까요?

첫째, 인간관계에서 생겨나는 갈등과 상처를 자세히 들여다보면 서로에게 상처를 주고받는 쌍방적인 경우가 많기 때문에 용서하기뿐만 아니라 용서구하기도 필요합니다. 선희의 경우를 보면 사춘기 때부터 선희의 거센 반항은 엄마에게 상처를 주었고, 그 때문에 엄마는 화가 나서 선희를 더 많이 혼내게 되었습니다. 수능 직후의 사건만 해도 엄마가 선희를 심하게 혼내니까 선희는 가출해서 엄마에게 상처를 주었습니다. 이 경우에 선희와 엄마는 서로에게 용서를 구하고, 용서를 하는 것이 모두 필요합니다.

둘째, 용서구하기는 피해자의 용서하기를 도와줍니다. 선희의 사례에서처럼 엄마가 먼저 용서를 구하면 선희도 반성하게 되고, 후회하는 엄마의 마음을 어느 정도 공감하게 되면서 엄마를 피하거나 보복하려는 마음이 줄어들게 되어 엄마를 용서하는 것이 쉬워집니다.

셋째, 용서구하기는 상처를 준 가해 당사자의 치유와 발달에 도움을 줍니다. 예를 들어, 가해자가 용서를 구하면 죄의식과 수치심에서 벗어나고 인간에 대해서 더 깊은 통찰도 하게 됩니다. 또한 다른 사람을 공감하고, 자기 행동에 책임을 지며, 자기와 다른 사람을 용서하는 것 등을 더 잘하게 됩니다.

넷째, 용서구하기는 상처로 인해 파괴된 대인관계를 개선시켜 줍니다. 가해자가 용서를 구하면 피해자가 용서하기가 쉬워지고, 결과적으로 화해의 가능성도 높아지게 됩니다. 선희 엄마가 용서를 구하면 선희도 용서하는 것이 쉬워지고, 두 사람이 화해할 가능성이 커지는 것입니다.

다섯째, 용서구하기는 사회 공동체를 위해서도 필요합니다. 예를 들어, 학교폭력이 발생하면 당사자들뿐만 아니라 학교라는 공동체가 파괴됩니다. 이때 가해자가 용서를 구하고 피해자가 용서하면서 화해까지 이루어지면 파괴되었던 학교 공동체도 회복됩니다. 앞에서 언급한 남아프리카 공화국의 '진실과 화해 위원회'에서 실시한 용서와 화해의 작업에서 제일 첫 단계는 폭력을 사용했던 가해자가 고백과 사과를 통해서 용서를 구하는 것이었습니다.

4. 용서구하기의 문제점

이청준의 소설 『벌레 이야기』를 영화로 만든 〈밀양〉은 국내외 영화제에서 많은 상을 받은 훌륭한 영화로 용서에 대해서 깊은 생각을 하게 만듭니다. 특히 이 영화에서는 잘못된 용서구하기의 문제점을 날카롭게 지적합니다.

여주인공 신애는 남편이 죽자 아들을 데리고 남편의 고향인 밀양에서 새로운 생활을 시작하려고 합니다. 그러나 아들은 돈을 노리는 웅변학원장에 의해 유괴되고 결국 살해됩니다. 신애는 한동안 방황하다가 교회 기도회에서 치유의 경험을 하고는 교회에 열심히 나가며 살인범을 용서하기 시작합니다. 얼마의 시간이 흐른 뒤 신애는 진정한 용서를 하기 위해서는 살인범을 만날 필요가 있다고 생각하고 교도소를 찾아갑니다.

그러나 사람을 죽이고 고통스럽게 살고 있을 것이라고 예상했던 살인범은 매우 평온한 얼굴로 신애에게 말합니다. "이미 하느님께 눈물로 회개하고 죄를 용서받았습니다. 그래서 마음이 매우 편안합니다."

신애는 엄청난 충격을 받습니다. 신애는 자신을 위로하는 교회 사람들에게 악을 쓰며 말합니다. "용서요? 어떻게 용서해요? 용서하고 싶어도 난 할 수가 없어요. 그 인간은 이미 용서 받았대요, 하느님한테! 내가 그 인간을 용서하기도 전에 어떻게 하느님이 먼저 용서할 수가 있어요?" 그러고 나서 신애는 미쳐 버립니다.

이 이야기는 용서에 대해서 크게 두 가지를 가르쳐 줍니다. 첫 번째는 용서하기와 용서구하기가 매우 밀접하게 연관되어 있다는 것입니다. 신애는 살인범을 용서하려고 하지만 상대방의 잘못된 용서구하기 때문에 오히려 또 다시 깊은 상처를 받게 됩니다.

두 번째는 용서구하기를 할 때 발생할 수 있는 문제점에 대한 것입니다. 살인범의 용서구하기는 자신이 편해지기 위해서 하느님을 이용한 방편적인 용서구하기입니다. 살인범은 자기 입맛에 맞게 하느님의 용서를 왜곡시켰습니다. 하느님께 용서를 구했더니 자신을 용서해 주셨고, 이제 자신의 잘못이 없어졌다고 착각한 것입니다.

그러나 하느님은 잘못이 있을 때 먼저 당사자들 간에 용서하고 화해할 것을 강조하십니다. 성경에 '그러므로 제단에 예물을 드리려 할 때 너에게 원한을 품고 있는 형제가 생각나거든 예물을 제단 앞에 두고 먼저 그를 찾아가 화해하고 나서 돌아와 예물을 드려라 (마태복음 5장 23~24절).'라고 나와 있습니다. 따라서 살인범이 가장 우선적으로 용서를 구해야 할 대상은 상처를 받은 당사자인 신애이고, 자신이 편해지기 위해서가 아니라 신애의 고통을 줄여 주기 위해서 진심을 다해서 신애에게 용서를 구해야 합니다.

그렇다면 용서를 구할 때 어떤 문제점이 생길 수 있을까요? 어떤 점을 조심해야 할까요?

1) 가해 당사자를 위한 이기적인 용서구하기(진실되지 않은 용서 구하기)

당신은 왜 용서를 구하려고 합니까? 당신 마음이 편해지려고? 주변 사람들이 잘못을 빌라고 해서? 아니면 내가 상처를 주었다는 것을 깨닫고 상대방의 고통을 덜어 주기 위해서?

당신 마음이 편해지려고 용서를 구하는 것은 '방편적 용서구하기', 주변 사람들의 강요에 의해서 용서를 구하는 것은 '역할기대적 용서구하기'입니다. 상대방의 상처와 고통을 줄여 주기 위한 배려와 사랑에서 용서를 구하는 것만이 '진정한 용서구하기'입니다.

용서를 구할 때는 진정한 용서구하기를 해야 합니다. 즉, 상대방에게 상처를 주었다는 것을 잘 알고, 진심으로 뉘우쳐야 하고, 내가 아닌 상대방의 상처와 고통이 치유되기를 바라면서 용서를 구해야 합니다. 그렇지 않고 죄책감에서 벗어나기 위해서 용서를 구하거나 주변에서 요구하니까 마지못해 용서를 구하게 되면 상대방도 그것을 알게 됩니다.

그렇게 되면 상대방은 당신을 더욱 불신하며 용서를 해 주지 않을 것이고, 더 나아가서 영화 〈밀양〉의 신애처럼 이기적이고 진실하지 않은 당신의 태도나 행동 때문에 또 다른 상처를 입게 될 수도 있습니다. 또는 당신이 애써 자존심을 버려 가며 용서를 구했는데 상대방이 용서를 해 주지 않아 이번에는 당신이 상처를 받게 될 수도 있습니다. 이렇게 되면 오히려 용서구하기는 상처의 악순환을 가져오게 될 것입니다.

2) 가해 당사자가 준비되지 않은 용서구하기

용서하기처럼 본인이 준비되지 않은 상황에서 용서를 구하는 것은 여러 가지로 문제가 됩니다. 첫 번째 상황은 주변에서 용서를 구하라고 강요하는 경우입니다. 예를 들어, 선희와 엄마의 싸움을 보다 못한 아빠가 나서서 딸이니까 먼저 엄마에게 잘못을 빌라고 강요할 수도 있습니다. 이렇게 되면 가해자는 자신의 잘못을 잘 알지 못할 수도 있고, 상대방도 잘못했는데 자신에게만 용서를 빌라고 하는 것이 부당하다고 느낄 수도 있고, 자신의 잘못은 알지만 그 상황에 대한 마음정리가 안된 상태에서 마지못해 용서를 구하게 됩니다. 그렇게 되면 용서구하기에 진심이 담기기가 어렵고 그것이 상대방에게 전해져서 용서를 받기도 어려워집니다. 그 결과 가해자와 피해자 모두가 다시 상처를 입고 관계회복도 더 어려워질 수 있습니다.

두 번째 상황은 내가 마음이 불편하니까 얼른 용서를 구해서 불편한 마음에서 벗어나려고 하는 것입니다. 희수 남편의 경우에 집 안 분위기가 너무 싸늘하니까 본인이 너무 불편해서 아내에게 얼른 미안하다고 하는 것입니다. 이 경우에는 자신의 잘못에 대한 충분한 반성없이 급하게 용서를 구하게 됩니다. 그렇게 되면 상대방을 설득하기가 어렵게 되고, 상대방이 준비도 안되어 있는데 상대방에게 용서해 줄 것을 강요할 수도 있고, 상대방이 용서해 주지 않으면 본인이 상처를 받게 될 수도 있습니다.

따라서 용서하기처럼 용서구하기도 충분한 시간을 가지고 반드시 본인의 자발적인 선택에서 시작되어야 합니다. 주위 사람들이나 전문 상담가도 이러한 문제점을 충분히 인식하고 적당한 시기에 용서구하기를 하나의 선택으로 제안할 수는 있지만 절대로 강요해서는 안 됩니다.

3) 피해자에게 강요하는 용서구하기

용서하기와는 달리 용서구하기에는 상대방과의 상호작용이 많이 포함됩니다. 희수 남편이 아내에게 용서를 구할 때는 어떻게 해서든지 아내와 접촉해서 사과와 보상을 하고, 용서해 달라고 말해야 합니다.

그런데 나는 준비가 되어 있지만 상대방은 준비가 안되어 있는 상황이 발생할 수가 있습니다. 희수가 아직도 심한 분노와 배신감을 느껴서 남편과 이야기하는 것을 거부할 수도 있습니다. 또는 희수가 가족을 위해서 마지못해 남편의 사과를 받아들이고 상처를 묻어 두기는 하지만 그것이 또 다른 상처로 남게 될 수도 있습니다.

따라서 용서구하기를 할 때는 나도 준비되어 있을 뿐만 아니라 상대방도 준비되어 있어야 합니다. 최대한 상대방에게 강요하지 말고 상대방의 상황과 반응을 고려하면서 조심스럽게 천천히 진행해야 합니다.

제1부에서 본 것처럼 용서하기는 힘들고 어려운 과정입니다. 따라서 용서를 구하는 나의 입장에서만 생각하지 말고 용서를 하는 상대방의 입장이 되어서 그 사람이 마음의 문을 열 때까지 충분한 시간과 기회를 주어야 합니다. 상대방이 나를 거부할 때는 그 이유를 자세히 살펴보고, 상대방이 원하는 것이 무엇인지를 파악하여 상황에 맞게 적절하게 대처할 필요가 있습니다.

4) 용서구하기, 용서하기, 화해하기를 구분하기

엔라이트 박사는 용서구하기, 용서하기, 화해하기가 용서의 삼각형을 만든다고 말했습니다. 이 세 가지는 서로 밀접하게 관련되어 있기는 하지만 분명히 다른 과정입니다. 용서구하기는 가해자가 주체가 되고, 용서하기는 피해자가 주체가 되며, 화해하기는 가해자와 피해자 모두가 주체가 됩니다. 그리고 각 과정에 포함되어 있는 내용도 다릅니다. 그래서 서로 확실하게 구분되지 않으면 문제가 발생할 수도 있습니다.

가장 바람직한 순서는 내가 잘못한 것에 대해서 용서를 구하고, 상대방이 용서를 해 주고, 그 다음에 두 사람이 함께 노력해서 화해하게 되는 것입니다. 그러나 이 과정에서 많은 장애물들이 발생합니다.

예를 들어, 내가 용서를 구했지만 상대방이 용서를 해 주지 않을 수가 있습니다. 그렇게 되면 화해는 어려워집니다. 내가 용서를 구했는데 상대방이 용서해 주지 않으면 그것이 내게 상처가 될 수도 있습니다. 내가 자존심을 다 버리고 힘들게 용서를 구했는데 상대방이 여전히 나에게 화를 내거나 무시하면 '얼마나 잘 났기에 내가 이렇게 잘못을 비는 데도 안 받아 주는 거야. 해도 너무 하네. 너무 자존심 상하고 기분 나쁘네. 그래, 이대로 끝내자.'라는 생각을 하게 될 수도 있는 것입니다.

　그러나 용서구하기도 힘든 과정이지만 용서하기도 길고 힘든 과정입니다. 내가 용서를 구하면 상대방이 얼른 용서를 해 줄 것이라고 생각하는 것은 착각입니다. 상대방이 자신의 상처를 직면하고, 이해하고 공감하며, 상처를 흡수하고 치유할 때까지는 충분한 시간과 기회가 필요합니다.

　화해하기는 더 어려운 차원입니다. 화해의 기초는 가해자와 피해자의 상호 신뢰인데, 그것을 위해서는 많은 노력이 필요합니다. 특히 가정폭력이나 학교폭력과 같은 위험한 상황에서 화해하는 데는 더 많은 주의와 노력이 필요합니다. 섣부른 화해는 폭력의 지속을 초래하며 최악의 경우에는 목숨까지 잃을 수도 있습니다.

　따라서 용서구하기, 용서하기, 화해하기를 구별하고 정확하게 이해할 필요가 있습니다. 이 책의 제1부는 용서하기, 제2부는 용서구하기, 제3부는 화해하기를 다루고 있으니 각 부분을 자세하게 읽고 연습해 보기 바랍니다.

실습: 당신에게 적용하기

이 장에서는 용서구하기를 올바르게 실천하는 데 필요한 기초를 제공하고 있습니다. 용서구하기를 제대로 이해하는 것이 용서의 길에서 가장 먼저 통과해야 하는 관문입니다. 이 장은 그 관문을 통과하는 열쇠이므로 자세히 읽으면서 충분히 이해할 것을 권합니다.

그러고 나서 다음 질문에 대답하면서 당신의 용서구하기에 대한 이해를 다시 한 번 점검해 보십시오.

1. 용서구하기란 무엇입니까?

---

2. 용서구하기의 종류에는 어떤 것들이 있습니까?

---

3. 왜 용서구하기가 필요할까요?

----

4. 용서구하기의 문제점에는 어떤 것들이 있습니까?

----

06 어떻게 용서를 구할까

결점이란 인간 자체의 영혼 속에 이미 내재하고 있다.
제아무리 완벽한 사람이라 할지라도 결점이 없는 사람은 없다.
결점을 깨닫고 고치려고 노력하는 것은
장점을 더욱 빛내고 인격을 함양하는 좋은 기회다.

- 그라시안 -

5장을 읽고서 진정한 용서구하기가 무엇인지를 충분히 이해했다면, 6장에서 구체적으로 용서구하기 작업에 들어가 봅시다.

1. 용서구하기 과정

용서하기처럼 용서구하기도 단순히 내가 용서를 구하려고 마음먹고 "미안해. 잘못했어. 용서해 줘."라고 말하는 것으로 끝나는 것이 아닙니다. 특히 용서구하기의 과정은 사과나 보상을 하기 위해서 상대방과 접촉하는 것이 필요하고, 또 상대방의 태도나 행동과도 밀접하게 관련되어 있기 때문에 어떻게 보면 대부분 자신의 내부에서 치유하는 과정인 용서하기보다 더 복잡합니다.

예를 들어, 가해자가 사과를 하면 피해자의 용서하기는 한결 수월해집니다. 그러나 이때의 사과에는 진심이 담겨야 하고 용서받기 위한 많은 노력이 뒤따라야 합니다. 외도라는 엄청난 상처를 준 희수의 남편이 "미안해. 용서해 줘."라고 말만 하는 것으로 아내에게서 용서를 받을 수 있을까요? 남편의 배신을 경험한 희수는 상당히 조심하면서 거리를 두고 남편을 자세히 살펴볼 것입니다. '진심으로 사과하는 것일까?' '무엇을 잘못했는지 제대로 알고는 있는 것일까?' '내가 얼마나 상처 받았는지를 알기는 할까? 다시는 나를 배신하지 않을까?'

만약에 남편이 이러한 의문에 대한 확신을 주지 못한다면 용서구하기는 실패할 것입니다. 물론 내가 용서를 구한다고 해서 항상 상대방이 용서해 주는 것은 아닙니다. 그럼에도 불구하고 내가 진심을 다해 용서를 구한 경우에는 비록 상대방이 용서를 해 주지 않더라도 자신에게 좋은 결과를 가져옵니다. 즉, 본인의 마음이 편해지고, 나쁜 습관을 바꾸게 되며, 상대방의 입장에서 배려하고 생각하게 되고, 많이 성숙해지며, 일상생활에도 다시 활력이 생기게 됩니다.

용서구하기는 생각보다 힘들고 긴 과정이며, 제대로 된 용서를 구하기 위해서는 그 과정을 차례대로 하나씩 잘 거쳐 나가는 것이 필요합니다. 그러나 용서구하기의 길 끝에서 나와 상대방 모두에게 일어나는 놀라운 변화를 생각해 보면 충분히 그 길을 걸어갈 가치가 있습니다.

당신은 용서구하기의 과정을 시작할 준비가 되었습니까? 그럼 지금부터 용서구하기의 과정을 하나씩 차례대로 따라가 봅시다. 구체적인 내용은 다르지만 용서구하기의 전체적인 경로는 용서하기와 유사합니다. 다음의 [그림 6-1]은 용서구하기의 과정을 보여 줍니다.*

---

* 이 용서구하기의 과정은 오영희(2015), Enright(2012, 2014) Worthington Jr. (2003, 2006)등의 연구를 바탕으로 만들어졌습니다. 이 책에서는 일반 독자들의 편의를 위해서 자세한 인용은 생략하였습니다.

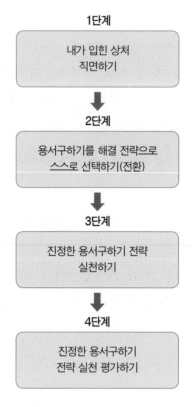

[그림 6-1] 용서구하기의 과정

1) 1단계: 내가 입힌 상처 직면하기

내가 입힌 상처에 직면하는 단계는 당신이 어떤 상처를 입혔고, 그 것이 지금 현재 나와 상대방에게 어떤 영향을 미치는지를 분명하게 인식하는 단계입니다. 이 단계는 매우 중요합니다. 왜냐하면 당신이 입힌 상처와 그 영향을 제대로 인식할수록 문제 해결의 필요성을 더 많이 느끼고, 좀 더 적극적으로 용서구하기를 해결책으로 생각해 보게 되기 때문입니다.

　내가 입힌 상처와 그 상처가 미친 영향을 점검하는 것은 '나와 상대방'이라는 두 가지 방향에서 이루어집니다. 즉, 상처를 입힌 것이 현재 나에게 어떤 영향을 미치고 있는지와 현재 상대방에게는 어떤 영향을 미치고 있는지를 함께 점검해 봐야 합니다.

◈ 선희 엄마의 상처 직면하기

　사실 선희 엄마는 자신의 행동들이 딸에게 상처를 주었다는 것을 잘 몰랐습니다. 딸을 사랑하고 딸이 잘 되기를 바라서 한 것이기 때문입니다. 오히려 자꾸만 자기를 무시하고 피하려는 딸에게 화가 나고 섭섭한 마음이 들었습니다.

　그러나 최근에 딸과 진지하게 대화를 나누면서 자신도 모르게 딸에게 상처를 많이 주었다는 것을 알게 돼서 많이 놀라고 기분이 안 좋았습니다. 그래서 자신이 딸에게 어떤 상처를 주었고, 그것이 현재 자신과 딸에게 어떤 영향을 미치고 있는지를 자세하게 알아보기 위해서 [활동지 4-2: 상처를 입힌 것이 내게 미치는 영향 평가표]와 [활동지 4-3: 상처를 입힌 것이 상대방에게 미치는 영향 평가표]를 작성했습니다. 선희 엄마의 영향 평가표는 4장에 제시되어 있습니다(p. 159, 161).

◈ 희수 남편의 상처 직면하기

　희수의 남편인 현우도 [활동지 4-2]와 [활동지 4-3]을 이용해서 자신의 외도가 자신과 아내에게 준 영향을 자세하게 살펴보았습니다. 특히 아내의 입장이 되어서 아내에게 미친 영향 평가표를 작성하면서 아내가 받고 있는 고통을 더욱 분명하고 절실하게 느낄 수 있었습니다.

활동지 4-2: 상처를 입힌 것이 내게 미치는 영향 평가표
(가해자 입장)

내가 입힌 상처: 나의 외도

영향 점수:

전혀 없음			중간			매우 심함
0	1	2	3	4	5	⑥

기분:

죄책감(후회, 미안함)을 느낀다.   6

수치심(부끄러움, 창피함)을 느낀다.   6

나에게 화가 난다.   6   상대방에게 화가 난다.   2

불안하다.   5   배신감(서운함)을 느낀다.   2

기타 기분 _____

_____

생각:

상대방을 믿지 못하게 되었다.   3

인간관계에 대해 다시 생각하게 되었다.   5

내가 부족하고 단점이많다는 생각이 든다.   6

상처 입힌 것에 대해서 반복해서 계속 생각하게 된다.   5

기타 생각 _____

_____

행동:

상대방과의 관계가 나빠졌다.   6

식욕도 없고 잠도 잘 못 잔다.   5

집안일/학교/직장 생활을 하기 힘들다.   6

사람들을 피한다.   5

기타 행동 _____

_____

활동지 4-3: 상처를 입힌 것이 상대방에게 미치는 영향 평가표 (피해자 입장)

내가 입힌 상처: 나의 외도

영향 점수:

전혀 없음			중간			매우 심함
0	1	2	3	4	5	⑥

기분:

화가 난다.	6	배신감을 느낀다.	6
우울하다.	6	억울하다.	6
불안하다.	6		

기타 기분 _____

_____

생각:

상대방을 믿지 못하게 되었다.	6
이 세상이 불공평하다는 생각이 든다.	6
내가 약하고 무능력하다는 생각이 든다.	5
상처에 대해서 반복해서 계속 생각하게 된다.	5

기타 생각 _____

_____

행동:

상대방과의 관계가 나빠졌다.	6
식욕도 없고 잠도 잘 못 잔다.	6
집안일/학교/직장 생활을 하기 힘들다.	6
사람들을 피한다.	6

기타 행동 _____

_____

2) 2단계: 용서구하기를 해결 전략으로 스스로 선택하기(전환)

상대방에게 상처를 준 뒤에 사용하는 대표적인 부정적 해결 전략은 회피입니다. 회피는 상처를 외면하고 피하는 것으로 자아방어기제가 많이 활용됩니다.*

나쁜 수능 결과 때문에 딸에게 상처를 준 선희 엄마의 경우를 봅시다. 선희 엄마가 딸을 때리고 심한 욕을 한 것을 '억압'해서 기억조차 하지 못하거나 딸이 상처를 별로 받지 않았다고 '부정'할 수도 있습니다. 또는 딸의 장래를 위해 매우 따끔하게 혼낼 필요가 있어서 그렇게 한 것이라고 '변명(합리화)'할 수도 있습니다.

자아방어기제는 일시적인 불편함은 피할 수 있지만 문제를 왜곡시켜서 오히려 상처를 악화시키고 정신적·신체적 건강을 해치게 만듭니다. 예를 들어, 다른 사람에게 상처를 준 자신이 너무 부끄럽고 창피하여 계속해서 손을 씻는 행동을 하는 강박장애가 생겨날 수도 있습니다. 또는 사람들을 만나기를 두려워하는 대인공포증이 생길 수도 있습니다.

문제를 더욱 악화시키는 회피보다 더 좋은 해결 방법은 용서구하기입니다. 용서구하기는 여러 가지 좋은 효과가 있습니다. 첫째, 용서를 구하게 되면 가장 먼저 가해자 자신이 치유됩니다. 그동안 내가 다른 사람에게 상처를 주었기 때문에 그로 인해 생겨났던 여러 가지 부정적인 영향에서 벗어나 온전하고 건강한 한 인간으로서 기능할 수 있게 됩니다. 예를 들어, 희수 남편이 아내에게 용서를 구함으

---

* 상처를 입힌 사람이 흔히 사용하는 자아방어기제에 대한 설명과 예가 〈부록 6-1〉에 제시되어 있습니다. 다소 전문적인 내용이므로 어려우면 그냥 넘어가도 됩니다.

로써 죄책감, 수치심, 불안, 불면증, 대인기피증 등이 없어지고, 정신적·신체적으로 건강해지게 되는 것입니다.

둘째, 용서구하기는 가해자가 자신의 잘못을 반성하며, 사과하고, 필요하면 보상을 해 주기 때문에 피해자가 용서하는 것을 도와줍니다. 즉, 남편의 진심어린 반성과 사과는 희수가 용서하는 데 도움을 줍니다.

셋째, 용서구하기는 가해자가 피해자에게 호의를 보임으로써 화해의 계기를 제공해 줍니다. 남편이 희수에게 진심으로 용서를 구하고 앞으로 다시 예전과 같은 좋은 관계를 가지고 싶다는 호의를 보여 주면 둘의 관계는 회복될 가능성이 큽니다.

그러나 진심으로 용서를 구하기 위해서는 상처를 준 사람의 내부에서 우러나오는 심리적인 '전환'이 필요합니다. 앞서 용서하기에서도 설명했지만 전환이란 '중대한 마음의 변화'를 말합니다. 지금까지 사용해 오던 부정이나 회피 등의 문제 해결 전략이 결국 더욱더 상처를 악화시키는 결과를 낳았을 뿐임을 깨닫고 용서구하기를 바람직한 문제 해결 전략으로 신중하게 고려해 보는 관점의 변화를 말합니다. 예를 들어, 선희 엄마가 딸에게 상처를 준 것을 부정하거나 회피하는 것은 오히려 상처를 더 악화시킬 뿐이라는 것을 깨닫고서 딸의 상처를 이해하고, 용서를 구하려고 시도해 보는 것입니다.

전환의 핵심은 상처를 준 사람이 스스로 용서구하기를 선택하는 것입니다. 당사자가 준비되어 있지 않은 상태에서 주변 사람들이 용서구하기를 강권하게 되면 당사자가 용서구하기에 대해 거부반응을 보이거나, 마지못해 용서를 구하는 척하지만 진심이 담겨 있지 않기 때문에 자신에게도 좋지 않고, 더 나아가서 상대방에게 또 다른 상처를 줄 수도 있습니다.

당신이 스스로 용서구하기 전략을 선택했다면 그것을 말이나 행동으로 표현해서 공식화하는 것이 좋습니다. [활동지 6-1]에 제시된 용서구하기를 시도할 것을 결심하는 서약서는 당신의 결심을 공식적으로 만드는 데 도움을 줄 것입니다.

◆ **선희 엄마의 전환하기**

선희 엄마인 정애는 대학에 들어간 딸이 자기만 보면 인상을 쓰고, 말도 잘 안하면서 자신을 피하려고 하는 것에 대해서 섭섭한 마음을 가지고 있었습니다. 그러다가 최근에 딸과 진지하게 대화를 나누면서 자신이 딸에게 상처를 많이 주었고, 그 때문에 딸이 부모 용서하기 프로그램에 참여하고 있다는 것을 알고 깜짝 놀랐습니다. 어떤 것이 상처가 되었는지 물어보았더니 딸은 상처를 많이 받았는데, 특히 수능 직후에 결과가 나쁘다고 엄마가 자기를 때리고 욕한 것이 큰 상처가 되었다고 말했습니다.

딸이 잘되기를 바라는 마음에서 한 것이 오히려 상처가 되었다는 것을 알게 된 것은 충격 그 자체였습니다. 그러나 부모 용서하기 프로그램에 참여해서 엄마를 이해하려고 노력하고, 자신이 받은 상처에서 벗어나려고 하는 딸의 행동은 정애를 감동시켰습니다.

정애는 더 이상 딸과의 관계에서 오해와 상처가 되풀이되어서는 안되겠다고 판단했습니다. 딸에게 미안하다고 하며 서로에게 좋은 문제 해결 방법을 찾아보자고 했더니, 딸은 자기가 참여하는 부모

용서하기 프로그램에서 이용하는 '용서구하기 프로그램 안내서'를
주면서 함께 노력해 보았으면 좋겠다고 말했습니다. 정애는 안내서
를 읽으면서 적극적으로 용서구하기를 시도해 보기로 했습니다. 안
내서에는 용서구하기를 하고 싶으면 결심을 굳히기 위해서 서약서
를 작성하는 것이 좋다고 나와 있어서 다음과 같이 서약서를 작성
했습니다.

활동지 6-1: 용서구하기 시도 결심 서약서(선희 엄마)

나는 상처를 준 (딸   )에게 용서를 구하기 위해서 다음
을 약속합니다.

1. 그 사람에게 상처를 준 것을 인정하겠습니다.
2. 그 사람의 입장에서 이해하고 공감하려고 노력하겠습니다.
3. 내가 준 상처에 대해서 반성하고, 사과하고, 보상하려고 노력하
   겠습니다.
4. 과거의 상처가 앞으로 우리들의 관계에 영향을 미치지 않도록
   노력하겠습니다.

이름: 김정애   날짜: 2014년 10월 20일

◈ 희수 남편의 전환하기

희수 남편도 너무나 힘들어하는 아내와 아이들을 보면서 자신이 더 적극적으로 아내에게 용서를 구할 필요가 있다는 것을 느꼈습니다. 그래서 아내가 건네 준 '용서구하기 프로그램 안내서'에 나와 있는 서약서를 작성했습니다.

3) 3단계: 진정한 용서구하기 전략 실천하기

당신 스스로 자발적으로 용서구하기를 시도하기로 결심했다면 그 다음으로 해야 할 일은 진정한 용서구하기 전략을 실천하는 것입니다.

다음에 제시한 [그림 6-2]에서 보는 것처럼 진정한 용서구하기 전략에는 일곱 가지가 있습니다. 비록 종류가 많기는 하지만 전략 하나하나가 용서를 구하는 데 큰 도움이 됩니다. 독자들의 이해를 돕기 위해서 각 전략을 자세히 설명하고 사례도 제시하였습니다. 꼼꼼히 읽어 보시고 용서구하기를 할 때 최대한 실천하도록 노력해 보십시오.

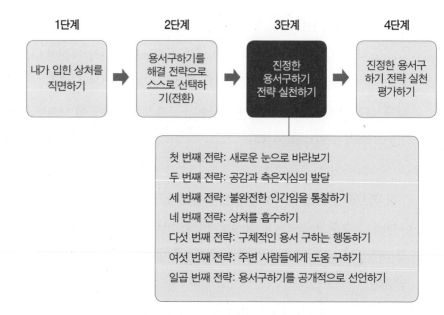

[그림 6-2] 진정한 용서구하기 전략 실천하기

(1) 첫 번째 전략: 새로운 눈으로 바라보기(맥락 속에서 깊이 이해하기)

진정한 용서구하기의 첫 번째 전략은 내가 상처를 입힌 사람과 사건에 대해서 새로운 눈으로 바라보는 것입니다. 이 전략의 핵심은 내가 상처를 입힌 사람과 사건을 맥락 속에서 다시 바라보고 깊이 이해하는 것입니다. 맥락이란 사물이 서로 연결되는 관계입니다. 따라서 맥락 속에서 새롭게 깊이 이해한다는 것은 상처에 대해서 단편적으로 보는 것이 아니라 자신과 상대방의 입장을 고려하고, 과거와 현재와 미래라는 시간을 고려하고, 다양한 상황 등을 고려해서 총체적으로 바라본다는 것입니다. 특히 이 전략에서 가장 중요한 것은 역지사지(易地思之)의 관점을 취하는 것입니다. 즉, 상대방의 입장이 되어서 상대방이 받은 상처를 이해하고 나의 잘못을 분명하게 깨닫는 것입니다.

◈ 선희 엄마의 새로운 눈으로 바라보기

선희 엄마인 정애가 본 '용서구하기 프로그램 안내서'에서는 [활동지 6-2]을 이용해서 자신이 상처를 입힌 사람의 삶을 전체적으로 생각해 보라고 권유했습니다. 정애는 얼마 전에 딸이 엄마의 삶에 대한 과제를 작성한 것이 기억났습니다. 딸은 과제를 하기 위해서 대화를 요청했고, 그 시간은 정애가 정말 오래간만에 가졌던 딸과의 좋은 시간이었습니다.

이번에는 정애가 딸에게 부탁해서 활동지를 함께 작성했습니다. 다음은 선희 엄마가 작성한 활동지입니다.

활동지 6-2: (선희)의 삶(선희 엄마)

* 당신이 상처를 입힌 사람을 위에 써 넣고, 다음을 중심으로 그 사람의 삶에 대해서 최대한 자세하게 써 보십시오.

1. 그 사람의 성장 과정은 어떠했습니까? (그 사람이 어린아이였을 때, 청소년이었을 때 어떠했습니까? 구체적인 사건들을 예로 들면서 써 보십시오.)
   - 결혼 3년 만에 첫 딸인 선희가 태어나서 온 가족이 모두 기뻐했다.
   - 선희는 어릴 때 무척 순했고, 그래서 가족의 사랑을 많이 받았다.

- 그런데 선희의 사춘기는 힘들었다. 어느 정도 철이 들자 선희는 엄마의 큰 기대가 너무 버거웠다. 엄마는 선희가 자신의 꿈을 대신 이루어 주기를 바랐다. 공부를 잘해서 좋은 대학에 들어가 좋은 직장을 가지고 당당하게 살기를 바랐다. 그래서 초등학교 때부터 공부하라고 압력을 많이 가했다. 선희는 학원을 여러 개 다녀야 해서 친구들과 놀 시간이 없었다.

- 선희는 중학교에 들어가면서 엄마에게 대들고 반항하기 시작했다. 엄마의 지나친 기대와 공부에 대한 압력이 너무 싫었기 때문이다.

- 그래도 아빠는 선희를 잘 이해해 주고 배려해 주었다. 지금도 가족 중에서는 아빠가 제일 편하다.

- 선희는 엄마가 남동생을 더 편애한다고 생각했다. 무조건 오냐오냐해 줘서 남동생이 자기 생각만 하고, 다른 가족을 무시하는 행동을 자주 해서 화가 날 때가 많았다.

2. **당신이 상처를 줄 당시, 그 사람의 삶은 어땠을까요? (구체적인 사건들을 예로 들면서 써 보십시오.)**

- 선희는 엄마의 지나친 기대와 간섭이 싫었다. 그래서 고등학교에 들어가면서 부모님께 공부는 알아서 하겠으니 간섭하지 말아 달라고 부탁했다. 그런데 아무리 공부를 해도 성적이 잘 나오지 않아서 많이 힘들었다.

- 고 3이 되면서 성적이 조금씩 올라가고, 수능 모의고사 성적도 좋아서 수능에서 좋은 결과를 기대했다. 그런데 막상 수능 결과는 아주 좋지 않았다. 그래서 정말 죽고 싶은 마음이었는데, 엄마는 위로를 못해 줄망정 며칠이나 선희를 때리고 욕을 해서 너무 상처를 많이 받았다. 너무 창피하고, 화가 나고, 엄마가 밉고, 사람들을 만나기가 싫었다.

- 그래서 가출해서 며칠간 친구 집에 가 있었다. 다시 집에 돌아와 서도 엄마랑 부딪히는 것이 싫어서 최대한 엄마를 피하려고 하고 있다.

3. 상대방의 장점을 세 가지만 써 보십시오.

- 독립적이다.
- 영리하다.
- 손재주가 있다.

4. 상대방의 단점을 세 가지만 써 보십시오.

- 화를 자주 낸다.
- 엄마를 무시한다.
- 열심히 노력하지 않는다.

딸과 이야기하면서 정애는 새롭게 많은 것을 알게 되었습니다. 딸과의 사이에 어떤 오해가 있었고, 자신이 무엇을 잘못했는지도 잘 알게 되었습니다. 다음은 그 내용을 요약한 것입니다.

'딸은 엄마가 자신에게 거는 기대가 너무 커서 무척 힘들었다. 딸을 생각해서 경제적으로 어려워도 학원을 여러 개 보냈는데, 그것이 오히려 딸에게는 큰 부담이 되었다. 그리고 엄마가 남동생을 편애한다고 오해하고 있었다. 수능 결과가 나쁘게 나왔을 때 엄마에게서 매를 맞고, 심한 욕을 들은 것이 딸에게는 큰 상처가 되었다. 지금 딸은 나름대로 열심히 자신의 진로를 준비하고 있고, 자신의 미래에 대해서도 깊이 생각하고 있다. 그런데도 엄마가 딸을 불신하고 과소평가하면서 자꾸 잔소리를 하니까 오히려 힘이 빠지고 불안해진다.'

이렇게 딸에 대해서 깊이 이해할 수 있는 기회로 인해 정애는 딸이 새롭게 보였습니다. '생각 없고 노력도 안 하는 불성실한 아이'가 아니라 '자신의 독립적인 삶을 살기 위해서 열심히 노력하는 믿음직한 성인'으로 딸을 다시 바라보게 된 것입니다. 그리고 자신의 잘못도 더욱 분명하게 알게 되었습니다. 오랫동안 딸에 대해 지나치게 걱정하며 잔소리했는데 그것이 딸에게는 큰 상처가 된 것입니다.

　◆ 희수 남편의 새로운 눈으로 바라보기

　희수 남편인 현우도 [활동지 6-2]을 이용해서 자신의 외도로 큰 상처를 받은 아내의 삶에 대해서 전체적으로 살펴보는 기회를 가져보았습니다.

　다음은 희수 남편이 작성한 활동지입니다.

활동지 6-2: (　아내　)의 삶(희수 남편)

* 당신이 상처를 입힌 사람을 위에 써 넣고, 다음을 중심으로 그 사람의 삶에 대해서 최대한 자세하게 써 보십시오.

1. 그 사람의 성장 과정은 어떠했습니까? (그 사람이 어린아이였을 때, 청소년이었을 때, 성인이 되었을 때 어떠했습니까? 구체적인 사건들을 예로 들면서 써 보십시오.)

－ 아내는 교사 부부의 1남 1녀 중 장녀로 태어났다. 엄마가 교사여서 일을 해야 했기 때문에 어릴 때부터 외할머니의 손에서 자랐다. 엄마가 집에 없어서 많이 외로웠고, 엄마가 집에 있는 다른 친구들이

부러웠다.

- 글재주가 있어서 초등학교 때부터 상을 많이 받았다.

- 좋은 대학의 국문과를 졸업하고, 기업 홍보부에서 일을 하다가 현우를 만나 결혼하여 아이가 생기면서 직장을 그만두었다. 아이들을 위해서 집에 있고 싶었기 때문이다.

2. 당신이 상처를 줄 당시, 그 사람의 삶은 어땠을까요? (구체적인 사건들을 예로 들면서 써 보십시오.)

- 아내는 초등학교 6학년과 중학교 1학년인 연년생 두 아이에게 신경을 쓰느라 많이 바빴다. 현우가 아내에게 지나치게 아이들을 챙긴다고 불평하면 아내는 어릴 적에 엄마가 일하느라 바빠서 자신을 안 챙겨 준 것이 많이 섭섭했다고 했다. 그래서 아내는 아이들의 곁에 항상 있어 주고 싶어 했다.

- 그 때문에 아내는 결혼 후 좋은 직장을 그만두었다. 그러나 가끔 후회했고, 자기가 뒤처지는 것 같아 불안하고 우울해지기도 했다.

- 남편은 항상 듬직하게 느껴졌고, 자신의 일은 알아서 잘 처리할 것이라고 생각했다. 또 회사일로 많이 바쁜 것 같아서 남편을 귀찮게 안하고 내버려 두는 것이 도와주는 것이라고 생각했다. 아내는 아이들을 잘 돌보고, 집안일을 잘하는 것이 훌륭한 내조라고 생각했다.

3. 상대방의 장점을 세 가지만 써 보십시오.

- 아이들을 잘 키우고 살림을 잘한다.
- 똑똑하다.
- 글재주가 있다.

4. 상대방의 단점을 세 가지만 써 보십시오.

- 너무 아이들에게 매어 있다.

- 남편에게는 신경을 안 쓴다.
- 부부간에 대화가 안 된다.

　그동안 현우는 아내가 아이들에게 너무 집착한다고 생각했는데 아내의 이야기를 들어 보니 어느 정도 이해가 됐습니다. 아내는 부모님이 맞벌이를 하여서 자신이 사랑을 충분히 못 받았다고 생각하고 있었으므로 자신의 아이들에게 정성을 쏟은 것이었습니다. 또 아이들을 키우고 집안일을 잘하는 것이 훌륭한 내조라고 생각해서 좋은 직장도 포기하면서 최선을 다했다는 것을 알게 되었습니다. 그 때문에 아내는 더욱더 현우의 외도에 충격을 받고 엄청난 분노와 배신감을 느꼈다고 했습니다. 그래서 현우는 더 아내에게 미안했습니다.

(2) 두 번째 전략: 공감과 측은지심의 발달
　두 번째 진정한 용서구하기 전략은 상처를 준 사람에 대한 깊은 이해를 넘어서서 상대방의 감정에 공감(empathy)하고 측은지심(compassion)을 느끼는 것입니다. 앞에서도 설명했지만, 공감은 상대방을 깊이 이해하게 될 때 생기는 감정으로, 상대방의 입장이 되어서 상대방처럼 느끼는 것입니다. 상대방이 화날 때 나도 화가 나고, 상대방이 행복할 때 나도 행복한 것이 바로 공감입니다. 측은지심은 공감을 넘어서서 상대방에게 애처로움과 따뜻함을 느끼는 것입니다.

공감은 용서하기에서처럼 용서구하기에서도 핵심적인 요소이며, 효과적으로 공감을 촉진시키기 위해서는 용서하기에서 사용했던 '빈 의자 기법'을 사용하는 것도 좋은 방법입니다. 피해자에 대한 공감을 촉진시키는 다른 방법으로는 피해자의 입장에서 편지 쓰기, 편지가 힘들면 말로 녹음해서 들어 보기, 다른 사람에게 이야기하기 등이 있습니다.

◈ 선희 엄마의 공감과 측은지심의 발달

정애는 딸의 삶에 대해서 자세하게 들여다보게 되면서 딸을 많이 이해하게 되었습니다. 특히 자신의 기대가 딸에게는 큰 부담이 되었고, 자신이 딸을 지나치게 어린애 취급을 하면서 딸의 삶을 통제하려고 했다는 것을 알게 되면서 딸이 그동안 느꼈을 좌절과 고통을 어느 정도 공감할 수가 있었습니다. 그러니까 딸에게 더욱 미안한 마음이 생겼습니다. 또한 자신이 딸을 힘들게 했는데도 씩씩하게 잘 커 준 딸이 새삼 대견해 보였습니다. 그러다 보니 그동안 딸에게 느꼈던 섭섭한 마음이 고마운 마음으로 변해 갔습니다.

◈ 희수 남편의 공감과 측은지심의 발달

현우는 자신을 피하는 아내에게 부담을 주기가 싫어서 용서구하기 프로그램에서 제안한 '빈 의자 기법'을 자기 방에서 사용해 보았습니다. 책상 앞에 두 개의 의자를 준비하고 번갈아 가며 의자에 앉아 자신과 아내의 입장에서 이야기를 해 보았습니다.

남편: 너무 미안해. 내 행동이 너무 후회돼.

아내: (다음에는 앞의 빈 의자에 앉아서 아내의 입장에서 이야기했습니다.) 최선을 다해 아이들과 당신을 위해 살았어. 때로는 내 삶이 없는 것에 대해 회의도 들고 우울한 순간도 있었지만 내가 집에 있는 것을 선택했으니 그 삶에 대해서 책임을 지려고 노력했어. 그리고 대체적으로는 행복했어. 그런데 갑자기 알게 된 당신의 외도는 나의 삶을 통째로 흔들어 놓았어. 그동안 내가 왜 이렇게 살았는지에 대한 엄청난 회의가 생겨. 앞으로 어떻게 해야 할지 정말 모르겠어.

남편: (다시 자기 의자로 돌아와서 자신의 입장에서 이야기했습니다.) 당신이 우리들을 위해서 최선을 다한다는 것은 알고 있어. 정말 고마워. 그런데 바깥일을 하다 보니 너무 힘들고 외로워서 누군가 이야기를 나눌 사람이 필요했어. 또 다른 사람의 인정과 칭찬을 받는 것을 좋아하는데 그렇게 해 주는 사람이 주변에 없었어. 그러던 중에 나의 기획 아이디어를 인정하고 지지해 주는 ○○을 만나자 더욱 끌렸던 것 같아. 내가 잘못했어. 다시는 이런 일이 없을 것이고, 가정을 위해 더욱 노력할게.

　그 후에도 몇 번이고 의자를 바꿔 앉으면서 자신과 아내의 입장에서 상처와 관련된 생각, 감정, 상황에 대해서 이야기를 했습니다. 그러다 보니 현우는 더욱더 아내의 고통, 수치심, 분노 등을 느끼게 되었습니다. 아내가 불쌍해 보이고, 어떻게 해서든지 아내가 고통에서 벗어날 수 있게 도와주고 싶었습니다.

(3) 세 번째 전략: 불완전한 인간임을 통찰하기

용서구하기를 할 때 큰 방해가 되는 것은 본인의 자존심과 수치심입니다. 자존심이 상하거나 창피해서 자신의 잘못을 인정하지 않으려고 합니다. 그런데 잘못을 인정하지 않으면 용서구하기를 시작할 수가 없습니다.

우리 모두 불완전한 인간이어서 한계와 단점을 가지고 있고, 그래서 다른 사람에게 상처를 주기도 하고 받기도 한다는 것을 깨닫게 되면 잘못을 인정하고 용서를 구하는 것이 쉬워집니다. 또한 과거에 누군가 당신에게 용서를 구해서 그 사람을 용서해 준 경험을 생각해 보는 것도 도움이 됩니다. 상대방이 용서를 구한 것이 당신이 용서하는 데 도움이 되었다는 것을 깨닫게 되면 당신도 상대방을 위해서 용서를 구할 마음이 생기게 됩니다.

◈ 선희 엄마의 통찰하기

정애는 오랜만에 딸과 이야기를 나누면서 딸의 입장에서 자신을 들여다보는 기회를 가졌습니다. 정애는 너무나 예쁜 딸이 자신이 못다 한 꿈을 이루어 당당한 커리어 우먼으로 행복하게 살기를 바랐습니다. 그런데 자신의 이러한 기대와 헌신이 딸에게는 큰 부담이 되었다는 것을 알게 되었습니다. 그리고 딸을 위하는 행동이 오히려 딸에게는 간섭과 잔소리가 되어 버리고, 잘되라는 마음에서 딸을 혼낸 것이 큰 상처가 되어 버렸습니다.

그동안 정애는 자신의 잘못을 인정하지 않으려고 했습니다. 자신의 행동이 부모로서 당연한 것이라고 생각했습니다. 그런데 자신이 딸에게 상처를 주었다는 말을 들으니 너무 당황스러웠습니다. 정애는 자신이 부모로서 무엇을 잘못했는지 알고 싶었습니다. 그래서 서점에 가서 부모교육에 대한 책을 사서 읽어 보았습니다. 그 책에는 '부모들이 많이 하는 잘못들'이 요약되어 있었고, 어느 부모나 자녀들에게 잘못을 하는데 부모가 자신의 잘못을 빨리 인정할수록 자녀에게 미치는 부정적인 영향이 줄어든다고 나와 있었습니다.

정애는 정신이 번쩍 들었습니다. 자신도 모르게 부모들이 저지르기 쉬운 잘못들(예: 지나친 기대와 간섭, 자녀를 불신하기, 비난하기)을 딸에게 많이 하고 있었기 때문입니다. 그제서야 정애는 왜 딸이 그동안 자신에게 그렇게 강하게 반항하고 자기를 피하려고만 하였는지를 확실하게 깨닫게 되었습니다. 그래도 위안이 되는 것은 다른 부모들도 자신과 비슷한 잘못을 저지른다는 사실입니다. 이제 필요한 것은 하루빨리 딸에게 자신의 잘못을 인정하고 다시는 그런 잘못을 하지 않는 것입니다.

◆ 희수 남편의 통찰하기

그동안 현우는 아내에게 섭섭한 것이 많았습니다. 현우가 말렸는데도 아내가 직장을 그만둔 것, 자신에게는 무관심한 것, 아이들에게 지나치게 많은 간섭을 하는 것 등이 섭섭했습니다.

그러나 이번에 자신의 외도를 계기로 아내와 이야기를 나누면서 현우는 자신의 잘못을 많이 깨닫게 되었습니다. 아무리 직장에서 힘든 일이 있어도, 아내가 자신에게 신경을 써 주지 않는다고 해도 외도까지 해서는 안 되는 것이었습니다. 현우는 아내가 자신에게 신경을 쓰지 않는다고 불평했지만 오히려 아내는 현우를 나름대로 많이 배려하고 있었습니다. 아내 혼자서 아이들을 돌보고 집안일을 하느라 많이 힘들지만 현우가 회사 일에 몰두할 수 있도록 밝은 모습을 보이며 어려운 내색을 하지 않았습니다. 그렇게 자신을 배려해 주는 아내를 배신했다는 것이 현우를 더욱 아프게 했습니다.

아내는 현우가 인원감축까지 해야 할 위기에 처한 회사 때문에 고민하는 줄 몰랐다면서 왜 자신과 의논하지 않았느냐고 항의했습니다. 그제서야 현우는 그동안 너무 남자로서의 자존심만 내세우고 자신을 과대포장하면서 살아왔다는 사실을 깨달았습니다. 그리고 이제부터는 아내에게 자신의 약한 모습도 그대로 보여 주고 잘못을 솔직히 인정하기도 하면서 제대로 된 의사소통을 해야겠다고 생각 했습니다.

(4) 네 번째 전략: 상처를 흡수하기

용서구하기에서 상처를 흡수하는 것은 두 가지로 나타납니다.

첫 번째는 상처를 받은 상대방이 나에게 화풀이하는 것을 조용히 받아들이는 것입니다. 선희 엄마의 경우, 전에는 딸이 화를 내면 자신도 같이 화를 내며 더욱 혼냈습니다. 그러나 이제는 딸의 화풀이 행동을 조용히 받아들이고 수용하는 것이 필요합니다. 그렇지 않으면 상처의 악순환은 계속 반복됩니다.

두 번째는 상대방이 아닌 다른 사람에게 화풀이하는 것을 그만두는 것입니다. 예를 들어, 선희 엄마가 만만한 남편이나 아들에게 대신 화풀이하는 것을 멈추는 것입니다.

용서구하기는 자신이 준 상처에서 생겨난 여러 가지 부정적인 상처나 고통을 스스로 흡수해 버림으로써 이러한 악순환의 고리를 멈추게 합니다. 그런데 여기서 주의할 점은 상처를 흡수한다는 것이 상처를 자기 안에 품고서 곪아 터질 때까지 그 상처를 참고 견디는 것은 아니라는 것입니다. 그렇게 되면 여러 가지 신체적·정신적 장애가 생겨날 수 있습니다. 우리나라 고유의 정신장애라고 하는 화병이 대표적인 예입니다.

　상처를 흡수하는 것은 내가 자발적으로 상처를 수용하고 난 후, 여러 가지 방법을 사용해서 상처를 감소시키고 해소되도록 하는 것입니다. 앞에서 설명한 새로운 눈으로 바라보기, 공감하고 측은지심 느끼기, 글쓰기, 명상하기, 마음을 터놓을 수 있는 사람과 이야기하기 등은 좋은 해소 방법입니다.

　제1부 용서하기에서 설명한 자비명상도 큰 도움이 됩니다. 상처를 흡수하기 위한 자비명상은 다음과 같이 하면 됩니다. 첫째, 편안하게 앉아서 복식호흡을 합니다. 둘째, 복식호흡을 하면서 다음과 같이 말합니다. "나는 내가 고통에서 벗어나기를 바랍니다. 그리고 내가 행복하고 평안하기를 소망합니다." 셋째, 마음이 편안해질 때까지 반복해서 수행합니다.

　상처를 흡수하는 일은 특히 가족 내에서의 갈등을 용서로 해결하려 할 때 매우 필요합니다. 왜냐하면 가족은 매일 함께 생활하면서 서로에게 강력한 영향을 미치기 때문입니다. 특히 가족이 서로 갈등을 느끼게 되면 자녀들은 정상적으로 성장하고 기능할 수 없습니다. 부부 싸움 뒤에 싸늘해진 집안 분위기는 자녀들이 부모의 눈치를 보며 안절부절못하게 만듭니다. 그런 가정에서 자란 자녀들은 나중에 자신들이 만든 가정에서도 분노와 불안을 자주 표출하면서 계속해서 갈등과 상처를 만들게 될 것입니다.

앞에서 용서하기가 세대에서 세대로 이어지는 갈등을 멈추게 하는 데 효과적인 방법이라고 했습니다. 용서구하기도 빨간 신호등이 되어서 갈등의 수레바퀴가 멈추는 것을 도와줍니다. 상처와 갈등의 악순환이 계속 되는 어느 시점에서 상처를 입힌 사람이 용기를 내어 용서를 구하면 상처를 받은 가족은 용서하기가 훨씬 수월해집니다. 그렇게 되면 가족 간의 갈등이 중단되고, 갈등의 악순환은 사랑과 화해의 순환으로 바뀔 수 있습니다.

◈ 선희 엄마의 상처 흡수하기

정애는 딸을 이해하게 되면서 앞으로는 딸에 대해서 너그러워지기로 했습니다. 딸이 화를 내거나 쌀쌀맞게 굴어도 맞받아치지 않고 참기로 했습니다. 얼마 전에 본 방송 프로그램에서 화가 날 때는 자신만의 주문을 만들어서 속으로 외우는 것도 좋다고 했습니다. 정애는 불교신자입니다. 그래서 '나무아미타불 관세음보살'을 자신의 주문으로 정했습니다. 요즘 정애는 딸이나 다른 가족에게 화가 날 때는 속으로 자신만의 주문을 외웁니다.

그리고 이제는 아이들에게 일부러 관심을 두지 않으려고 합니다. 둘째도 대학에 들어가서 시간이 많이 남게 된 정애는 자신만의 일을 찾아보았습니다. 일단 일주일에 한 번 장애인 시설에 가서 봉사활동을 하기로 했습니다. 그리고 다리가 안 좋으니까 수영을 하라

는 의사의 충고에 따라서 수영을 시작했습니다. 수영을 하니 다리
도 안 아프고, 몸도 날씬해져서 주위 사람들에게서 예뻐졌다는 말
을 들을 때면 기분이 좋았습니다. 본인의 기분이 좋으니 집안 분위
기도 더 좋아지는 것 같습니다. 이런 변화 덕분인지 매일 집에 늦게
들어오던 딸도 요즘은 일찍 들어와서 가끔 말도 붙이고, 집안일도
도와줍니다.

◈ 회수 남편의 상처 흡수하기

현우는 외도 사실이 알려진 뒤 아내가 자신을 비난하고 화를 내
는 것을 참고 있었습니다. 그러나 그 기간이 길어지자 점차 짜증이
나면서 최대한 집에 늦게 들어가고 싶었습니다. 그런데 이번에 '용
서구하기 프로그램 안내서'의 고통 흡수하기 전략을 보고는 자신의
태도를 바꾸기로 했습니다.

일단 아내가 화를 내면 조용히 그것을 받아 주기로 했습니다. 그
리고 아내가 화를 내는 원인을 알아내고 최대한 그것을 해결해 주
려고 했습니다. 이제는 집안일도 많이 도와주고 있습니다. 또한 본
인의 마음이 좋지 않을 때는 밖에서 술을 마시고 늦게 들어오기보
다는 조용히 방에서 좋아하는 음악을 듣는 것으로 풀었습니다.

현우는 어느 날 아내를 대신해서 아이들에게 화풀이하고 있는 자
신을 보고 깜짝 놀랐습니다. 그래서 요즘은 아이들에게 화를 내지
않으려고 많이 노력합니다. 그리고 가끔 아이들과 외출해서 외식도
하고 영화도 보면서 재미있는 시간을 보내려고 합니다.

현우는 회사나 집에서 힘이 들 때면 가끔 자비명상을 이용합니다.

바닥이나 의자에 앉아 조용히 복식호흡을 하면서 몸을 이완시킨 후 다음과 같이 말합니다. "나는 내가 고통에서 벗어나기를 바랍니다. 그리고 내가 행복하고 평안하기를 소망합니다." 몇 번이고 반복하다 보면 마음이 많이 편안해지는 것을 느낍니다.

(5) 다섯 번째 전략: 구체적인 용서 구하는 행동하기

용서하기와는 달리 용서를 구하기 위해서는 구체적인 행동이 많이 필요합니다. 우리는 '이심전심'이라는 말을 합니다. 그러나 이심전심은 오랜 수행으로 깨달음을 얻은 부처님과 수제자인 가섭 사이에서만 가능한 것입니다. 보통 사람들은 마음을 전하고 싶으면 반드시 구체적인 말이나 행동으로 표현해야 합니다. 특히 상대방에게 용서를 구하려고 할 때는 진심을 담아서, 최대한 구체적으로, 자주 표현해야 합니다.

■ 사과와 보상하기

사과와 보상은 대표적인 용서구하기 행동입니다. 앞서 말한 새로운 눈으로 바라보기와 공감을 통해서 당신이 준 상처가 무엇인지를 정확하게 이해하고 느꼈다면 그것에 대해서 상대방에게 사과하고 보상하는 것이 필요합니다.

사과를 할 때는 특히 두 가지 점에 주의해야 합니다. 첫째, 자신의 행동을 변명하거나 합리화해서는 안 됩니다. 예를 들어, 선희 엄마가 딸을 때리고 혼낸 것은 딸의 미래를 위한 것이었다고 변명해서는 안됩니다. 상처를 입힌 것에 대해서 그대로 고백하고, 잘못을 인정해야 하며, 혹시 피치 못할 사정이 있더라도 나중에 이야기하는 것이 좋습니다.

둘째, 구체적인 사과이어야 합니다. 당신이 어떤 상처를 주었는지를 정확하게 알고 진심으로 반성한 후에 당신이 진심으로 후회하고 미안해하고 있다는 것을 상대방에게 확실하게 전달해야 합니다. 자신의 잘못을 잘 알지도 못한 채 불편한 상황만 피하려고 하는 두루뭉술한 사과는 오히려 상대방을 더 화나게 만들 수도 있습니다.

보상은 넓은 의미로 '자신이 잘못한 행동을 올바르게 고치는 것'을 말합니다. 상대방을 따돌렸다면 그 행동을 고치는 것, 상대방을 모욕하고 무시했다면 그것을 그만두는 것, 금전적인 피해를 입혔다면 돈으로 갚아 주는 것 등이 모두 포함됩니다.

■ 선물하기

당신이 상처를 준 사람에게 선물을 하는 것도 좋은 용서구하기 행동입니다. 선물은 상대방에 대한 호의와 사랑을 보여 주는 대표적인 행동입니다. 용서구하기에서 선물하기는 당신이 상대방에게 얼마나 진심으로 용서를 구하고 있는지를 보여 주며, 상대방이 용서하는 것을 촉진시켜 주며, 화해의 문을 열어 줄 수도 있습니다. 당신이 상처를 입힌 사람에게 줄 수 있는 선물 목록을 만들어 보십시오. 선물이라고 해서 큰 것을 생각할 필요는 없습니다. 상황에 따라서 작은 것부터 시작하면 됩니다. 상대방을 보고 웃어 주기, 먼저 말걸기, 칭찬하기, 집안일 하기, 맛있는 것 만들어 주기 등등이 그 예입니다.

어떤 경우에는 선물하기가 사과나 보상보다 앞설 수도 있습니다. 먼저 선물하기를 통해서 분위기를 부드럽게 만든 후에 사과를 하고, 필요한 보상을 할 수도 있습니다. 처음에는 어색하고 마음이 내키지 않을 수도 있습니다. 그래도 억지로라도 용기를 내어 시도해 보십시오. 우리 속담에 '웃는 얼굴에 침 뱉으랴.' '가는 말이 고와야 오는 말이 곱다.'라는 말이 있습니다. 당신이 먼저 선물을 주면 대부분은 생각보다 큰 효과가 나타납니다.

그런데 선물을 줄 때 조심해야 할 것은 상대방이 호의적이지 않을 수도 있다는 것입니다. 상대방이 내 선물을 싸늘하게 거절할 수도 있고, 그 때문에 내가 다시 상처를 입을 수도 있습니다. 그러나 상대방이 내 선물을 거절하는 것은 나의 문제가 아니라 상대방의 문제입니다. 아직도 상처 때문에 마음이 닫혀 있을 수도 있고, 자신의 문제를 해결할 시간이 더 필요할 수도 있습니다. 따라서 상대방의 거절 때문에 내가 다시 상처를 받을 필요는 없습니다. 상대방이 선물을 거절할 경우에는 다시 적절한 선물을 할 수도 있지만 계속 거부할 경우에는 상대방이 자신의 문제를 해결할 때까지 기다려 주는 것도 필요합니다.

■ 직접 용서를 구하기

사과, 보상, 선물하기 등을 통해서 당신의 잘못에 대해 용서를 구한다는 것을 간접적으로 전달할 수 있습니다. 그러나 상대방에게 직접적으로 확실하게 '용서를 구한다.'는 말을 하는 것도 필요합니다. 이때는 상당히 구체적으로 자신의 잘못을 언급하면서 용서를 구해야 합니다. "내가 친구들 앞에서 너를 무시하는 말을 해서 정말 미안하다. 힘들겠지만 나를 용서해 주면 고맙겠다.""지난번 저녁식사 시간에 엄마에게 대들어서 정말 미안해요. 다시는 그런 일이 없도록 할게요. 용서해 주세요."

다양한 용서구하기 행동을 할 때 가장 주의할 것은 절대로 상대방에게 용서해 줄 것을 강요해서는 안된다는 것입니다. 상대방은 아직도 깊은 상처 때문에 고통 속에 있을 수도 있고, 깊은 분노와 배신감 때문에 당신과 접촉하는 것을 피하고 싶을 수도 있습니다. 그런 경우에는 당신이 용서를 구하고 싶다는 뜻은 전달하되 상대방의 상황도 이해해서 어느 정도 상대방이 준비될 때까지 기다려야 합니다. 그렇지 않고서 특히 주변 사람들까지 동원해서 상대방이 용서해 줄 것을 강요하다 보면 다시 상대방에게 상처를 줄 수도 있습니다.

◆ 선희 엄마의 용서구하기 행동

정애는 이제야 확실하게 자신이 딸에게 무엇을 잘못했고, 어떤 상처를 주었는지를 이해하게 되었습니다. 그래서 딸에게 용서를 구하기로 했습니다. 어느 날 집에서 딸과 둘만의 저녁식사 시간을 만들었습니다. 딸이 좋아하는 음식을 많이 만들어 주었더니 딸이 무척 좋아했습니다.

식사 후에 정애는 딸에게 먼저 수능 직후에 자신이 심하게 혼낸 것에 대해서 사과를 하고 용서를 구했습니다. 그러고 나서 자신이 직접 만든 털장갑을 선물로 주었습니다.

딸은 많이 울었습니다. 학교에서 실시하고 있는 부모 용서하기 프로그램을 통해서 엄마를 용서하려고 노력하는 중이고, 이제는 엄마가 그렇게 밉지 않다고 말했습니다. 그리고 자신도 엄마에게 함부로 대하고 상처를 입혔다는 것을 알게 되었다고 하면서 자신의 잘못도 용서해 달라고 말했습니다.

◈ 희수 남편의 용서구하기 행동

현우는 자기 때문에 고통 받고 있는 아내와 아이들을 위해서 자신이 더 적극적으로 나서서 용서를 구해야겠다고 생각했습니다.

그래서 어느 날 저녁 아내가 좋아하는 와인을 준비하고 아내를 초대했습니다. 며칠 전에 아내가 오랜만에 자신의 와이셔츠를 다려준 것이 현우에게 용기를 주었습니다. 함께 와인을 마시면서 현우는 아내에게 너무나 큰 상처를 주어서 미안하다고 진심으로 사과했습니다. 그리고 그동안 자신과 아이들을 위해서 헌신해 준 아내가 너무 고맙다고 했습니다. 부디 자신을 용서해 주고 좋은 남편과 아빠로서 제대로 살아 볼 수 있는 기회를 달라고 다시 부탁했습니다. 그리고는 책을 좋아하는 아내를 위해서 최근에 나온 좋은 책들을 선물했습니다.

(6) 여섯 번째 전략: 주변 사람들에게 도움 구하기

인간은 사회적 동물입니다. 우리는 많은 사람들 속에서 살아가고 있고, 상처와 용서도 사람들 속에서 이루어집니다. 주변 사람들은 용서구하기의 여러 과정에서 도움을 줄 수 있습니다.

민우와 나미는 2년째 사귀고 있는 중입니다. 그런데 민우는 종종 기분이 나쁘거나 무슨 일이 있을 때 나미의 말을 무시하고 기분 내키는 대로 행동하곤 했습니다. 그 때문에 나미는 계속 상처를 받았고, 사이가 많이 나빠졌습니다.

나미에게 이유를 알 수 없는 어색함을 느끼고 있는 민우에게, 민우의 가까운 친구는 나미가 상처를 많이 받았으니 용서를 구하라고 충고를 했습니다. 그제야 민우는 자신의 잘못된 행동 때문에 관계가 너무 나빠졌다는 사실을 깨달았습니다. 그전에도 나미가 몇 번 이야기를 했는데 민우는 대충 무시하고 지나갔습니다. 그러다 보니 더 상황이 안 좋아져 버렸습니다.

이 사례에서 보는 것처럼 민우는 애인을 무시하는 행동으로 상처를 주고 있었지만 정작 본인은 잘 모르고 있었습니다. 그런데 친한 친구가 알려 주어서 자신의 잘못을 깨닫게 되었습니다. 이처럼 주변 사람들은 우리가 다른 사람에게 어떤 상처를 주었는지를 직면하게 하는 데 도움을 줍니다. 또한 주변 사람들은 과거에 사용해 오던 회피 전략이 비효과적임을 깨닫게 해 주고, 용서구하기를 해결 전략으로 선택하는 데도 도움을 줍니다.

더 나아가서 주변 사람들을 통해서 당신은 혼자가 아니고 사랑받는 존재임을 깨닫는 것은 당신에게 안전감을 주며, 죄책감과 수치심을 감소시키고, 다양한 용서구하기 전략을 실천하는 용기와 힘을 줍니다. 내가 사랑받았기에 사랑할 수 있고, 내가 잘못해서 용서를 구하고 난 다음에 용서를 받아 본 경험이 있기에 용서를 구할 수도 있는 것입니다. 또 필요하면 주변 사람들이 당신이 용서를 구할 기회를 마련해 줄 수도 있습니다. 선희 엄마의 경우에는 선희 아빠가 큰 도움을 주었습니다. 선희와 부딪혀서 힘들어할 때 옆에서 위로를 해 주고, 사태를 객관적으로 분석해 주기도 하고, 때로는 가족이 함께 이야기를 나눌 수 있는 기회도 만들어 주었습니다.

당신이 많이 힘들 때는 전문가의 도움을 받을 수도 있습니다. 상담이 효과가 있다는 것은 이미 많은 과학적 연구들을 통해 밝혀졌습니다. 몸이 아플 때 의사를 찾아가는 것처럼 마음이 아플 때도 전문 상담가나 정신과 의사를 찾아가야 합니다. 그리고 빨리 찾아갈수록 효과가 큽니다.

그러나 여기서 주의할 점은 당신이 준비가 되어 있지 않았는데 주변 사람들이 용서구하기를 강요할 수도 있다는 것입니다. 이때는 주변 사람들에게 솔직하게 당신의 상태를 이야기하고 당신 스스로 준비가 될 때까지 기다려 주면 좋겠다고 부탁하십시오.

◆ **선희 엄마의 도움 구하기**

정애에게 가장 큰 도움을 준 사람은 남편이었습니다. 사실 그전에도 남편은 정애가 아이들에게 지나치게 집착하고 간섭한다고 충고하고, 아이들이 스스로 자기 길을 찾아가도록 하는 것이 더 좋은 교육방법이라고도 말했습니다. 그러나 이전에는 남편의 그런 말이 귀에 들어오지 않았습니다. 오히려 자신을 도와주지 않고 아이들 편에 서는 남편이 섭섭하기까지 했습니다.

그러나 최근에 딸을 통해서 자신의 행동이 아이들에게 오히려 상처가 되었다는 것을 알게 된 후에 정애는 남편과 이야기를 많이 나누고 있습니다. 그리고 남편에게 객관적인 입장에서 자신이 잘못한다고 생각하면 경고사인을 보내 달라고 부탁했습니다. 요즘 남편은 가끔 아이들과 있을 때 자신에게 살짝 경고사인을 보냅니다. 그러면 정애는 얼른 입을 다뭅니다.

정애가 변하니까 아이들과의 관계가 좋아졌을 뿐만 아니라 남편과의 사이도 더 좋아졌습니다.

◈ 희수 남편의 도움 구하기

현우는 자신의 외도 사실을 대학교 친구인 준호에게 털어놓고 조언을 구했습니다. 준호를 택한 이유는 그 친구도 몇 년 전에 바람을 피우고 나서 많이 힘들었지만 지금은 그 위기를 잘 극복하고 행복한 가정을 꾸려 가고 있기 때문입니다. 준호는 현우에게 실질적인 도움을 많이 주었습니다. 특히 이 위기를 잘 넘기면 다시 좋은 날이 올 수도 있다는 희망을 보여 주어서 좋았습니다.

(7) 일곱 번째 전략: 용서구하기를 공개적으로 선언하기

당신이 용서를 구하려고 노력하는데 상대방이 당신을 무시하고 쌀쌀하게 대하니까 기분이 나빠져서 용서를 구할 마음이 사라져 버린 적은 없습니까? 더 나아가서 왜 구태여 힘들게 용서를 구해야 하는지에 대한 회의가 생긴 적은 없습니까?

어떻게 보면 용서구하기는 용서하기보다 더 길고 힘든 과정입니다. 특히 내가 잘못했기 때문에 그로 인해 생겨나는 죄의식과 수치심까지 끼어들면 더욱 힘들어집니다. 그러나 '1보 후퇴 2보 전진'이란 말이 있듯이 용서는 전진과 후퇴를 반복하면서 조금씩 앞으로 나아가게 됩니다. 이때 용서를 구한다는 것을 내 마음속에만 간직하지 말고 공개적으로 말과 행동으로 표현하면 용서구하기에 대한 회의나 후퇴가 생기는 것을 어느 정도 막을 수 있습니다.

사실 이 전략은 상당히 부끄럽고 쑥스럽게 느껴질 수도 있습니다. '왜 굳이 밖으로 표현해야 하나? 나의 잘못을 당사자가 아닌 다른 사람들이 알게 되는 것이 창피하다. 혹시 상대방이 내 의도를 모르고 잘난 척한다고 반감을 가질 수도 있지 않을까?'하는 부정적인 생각이 들 수도 있습니다. 그럼에도 불구하고 용서구하기를 공개적으로 선언하는 것은 나의 용서구하기를 굳건하게 해 주면서, 계속해서 그 길을 걸어가게 하는 데 필요합니다.

용서구하기는 어떤 방법이 있을까요? 첫째, 용서구하기를 글로 쓰는 것이 도움이 됩니다. 편지나 일기를 쓰는 것도 좋고, 용서구하기 증서를 만드는 것도 좋습니다. 그리고 나서 가끔씩 들여다보면서 스스로에게 용서구하기를 각인시키면 도움이 될 것입니다.

둘째, 가까운 사람들에게 자신이 용서구하기를 하고 있다는 것을 말하는 것이 도움이 됩니다. 그러나 이때 조심할 것은 내가 용서를 구할 줄 아는 도덕적인 사람이라는 것 또는 나는 용서를 구하고 있는데 상대방이 받아 주지 않고 있다는 것을 보여 주기 위해서가 아니라 나의 용서구하기를 지속시키는 데 도움을 받기 위해서라는 것을

명확하게 하는 것입니다. 용서구하기 증서를 작성하면서 나의 용서
구하기를 지켜보고 도와줄 보증인을 참여시키는 것은 첫 번째와 두
번째 방법을 통합하는 좋은 방법입니다.

◈ 선희 엄마의 공개적으로 선언하기

정애는 용서구하기 증서를 작성하고 나서 남편을 보증인으로 세
웠습니다. 남편은 매우 기뻐하면서 최대한 도와주겠다고 약속했습
니다. 정애는 용서구하기 증서를 냉장고 앞에 붙여 놓았습니다. 조
금 창피하기는 했지만 가족에게 자신이 잘못을 인정하고 미안해하
고 있다는 것을 알리고 싶었고, 이렇게 가족과 함께 공유하는 것이
가족 모두에게 도움이 될 것이라고 생각했기 때문입니다. 가족의
반응은 아주 좋았고, 특히 딸이 제일 좋아했습니다.

활동지 6-3: 용서구하기 증서(선희 엄마)

나는 상처를 준 (　　　딸　　　)에게 용서를 구합니다.

그리고 다음을 약속합니다.

1. 나의 잘못을 반성하고 있으며, 다시는 그런 일이 발생하지 않도
   록 노력하겠습니다.
2. 그 사람에게 사과하고, 보상하며, 직접 용서를 구하겠습니다.
3. 그 사람에 대해서 최대한 긍정적으로 생각하고, 느끼고, 행동하

도록 노력하겠습니다.

4. 그러나 그 사람이 나를 용서하도록 강요하지 않을 것이고, 최대
   한 인내하고 고통을 감수하며 그 사람에게 필요한 시간을 주도
   록 노력하겠습니다.

이름: 김 정 애   날짜: 2014년 12월 4일

보증인: 박 창 수(남편)   날짜: 2014년 12월 4일

◈ 희수 남편의 용서구하기를 공개적으로 선언하기

현우도 용서구하기 증서를 작성하고 친구인 준호를 보증인으로
세웠습니다. 그리고 나서 책상 앞에 붙여 놓고 가끔 들여다보면서
자신의 행동을 점검했습니다.

4) 4단계: 진정한 용서구하기 전략 실천 평가하기

지금까지 일곱 가지의 진정한 용서구하기 전략에 대해서 알아
보았습니다. 진정한 용서구하기 전략을 수행한 뒤에는 각 전략을
잘 수행했는지 점검해 보는 것이 필요합니다. 이를 위해서 〈부록
6-2〉에 '진정한 용서구하기 전략 실천 점검표'를 제시하였습니다
(p. 251). 각 전략을 하나씩 자세히 점검해 보다가 만약에 3점 이상
으로 실천하지 못한 전략이 있으면 그 전략을 다시 한 번 수행하십
시오.

◈ 선희 엄마의 용서구하기 전략 실천 평가하기

정애는 〈부록 6-2〉에 제시된 '진정한 용서구하기 전략 실천 점검
표'를 작성해 보았습니다(p. 251). 다행히도 모든 항목에서 3점 이상
을 받아서 용서구하기 전략을 잘 실행하고 있는 것으로 나타났습니
다. 며칠 전에는 딸이 엄마를 용서한다는 말을 해 주어서 얼마나 기
뻤는지 모릅니다. 정애는 딸과 더 좋은 관계를 만들기 위해서 용서
구하기 프로그램의 뒤에 나오는 화해하기 작업을 딸과 함께 시도해
보기로 결심했습니다.

◈ 희수 남편의 용서구하기 전략 실천 평가하기

현우도 〈부록 6-2〉를 통해 자신이 얼마나 잘하고 있는지를 평가
해 보았습니다(p. 251). 현우는 모든 항목에서 3점 이상을 받았습니
다. 그래도 아내의 반응이 아직도 부정적이어서 계속해서 용서구하
기 전략을 실행해 보기로 결심했습니다. 특히 상처 흡수하기 전략
을 통해서 아내가 보이고 있는 부정적인 반응을 수용하고 감수하기
로 했습니다. 또 구체적인 용서구하기 행동을 많이 하기 위해서 자
신이 줄 수 있는 작은 선물들을 찾아서 시도해 보기로 했습니다.

2. 용서구하기 결과 평가

용서하기처럼 용서구하기의 결과도 두 가지 방법으로 평가하는
것이 좋습니다. 첫 번째 방법은 '한국인 용서구하기 척도'를 작성한

후 용서구하기 점수를 구하는 것입니다. 두 번째 방법은 용서구하기의 과정을 거치면서 느낀 것을 요약해 보는 것입니다.

1) 한국인 용서구하기 척도 작성하기

용서구하기 작업을 하고 나서 얼마나 용서를 잘 구했는지를 알아보기 위해서 〈부록 6-3〉'한국인 용서구하기 척도'를 이용해서 용서구하기 점수를 구해 보십시오(p. 253).

당신의 점수가 22점 이하이면 아직도 용서구하기 수준이 낮은 것입니다. 즉, 당신이 준 상처의 부정적인 영향을 아직도 많이 받고 있는 것입니다. 잠시 쉬었다가 다시 한 번 동일한 사람을 대상으로 용서구하기의 과정을 따라가 보도록 하십시오.

점수가 23~32점 사이에 있으면 보통 수준으로, 두 가지 방향을 선택할 수 있습니다. 첫 번째는 이번 용서구하기 대상에 대해서 다시 한 번 용서구하기 작업을 함으로써 당신의 용서구하기를 심화시키는 것입니다. 두 번째는 다른 용서구하기 대상으로 넘어가는 것입니다.

33점 이상을 받아서 높은 수준에 있다면 당신의 용서구하기 작업은 성공한 것입니다. 그러나 여기서 멈추지 말고 잠시 휴식을 취했다가 시간이 나는 대로 다른 대상을 선택해서 용서구하기 작업을 반복해 볼 것을 권합니다. 용서구하기를 계속 연습하면서 당신은 더욱 많이 치유되고 성장하게 될 것입니다.

제1부에서도 이야기했지만, 지난 30년 동안 용서를 연구해 온 엔라이트 박사는 『용서하는 삶』이란 책에서 우리가 한두 번 용서하

어떻게 용서를 구할까

는 것으로는 용서의 열매를 맺을 수 없다고 말합니다. 용서구하기
도 마찬가지입니다. 용서하기와 용서구하기를 계속 연습해서 용서
가 내 성격과 삶의 일부가 되도록 만들어야 합니다. 그렇게 되면 일
상생활에서 자연스럽게 용서를 실천할 수 있게 될 것입니다. 용서
가 내 성격의 일부가 되면 다른 사람을 공감하고 수용하는 능력이
생겨서 애초에 갈등이 발생하지 않을 수도 있고, 혹시 갈등이 생기
더라도 용서를 이용해서 초기에 긍정적인 방향으로 해결할 수 있을
것입니다.

◈ 선희 엄마의 용서구하기 점수

　정애가 받은 총점은 36점으로, 용서구하기 수준이 높은 것으로
나타났습니다. 정애는 딸에게 상처를 많이 주었다는 것을 깨달았으
며, 딸과 좋은 관계를 만들기 위해서는 자신이 계속 노력해야 한다
고 생각했습니다. 그래서 '용서구하기 프로그램 안내서'의 제안에
따라서 잠시 쉬었다가 딸에게 준 다른 상처들을 찾아내서 용서구하
기 과정을 반복해서 연습해 보려고 합니다.

◈ 희수 남편의 용서구하기 점수

　현우가 받은 총점은 21점으로, 용서구하기 수준이 낮았습니다. 아
내가 아직도 자신에게 부정적인 반응을 보이고 있기 때문에 실망스
럽기는 합니다. 그래도 이번에 용서구하기 작업을 하다 보니 아내
가 어느 정도 변화된 것을 느낄 수 있었습니다. 특히 아내는 자신이
건네 준 '용서구하기 프로그램 안내서'를 따라하기 위해서 현우가

애쓰는 것을 좋게 생각하는 것 같았습니다. 며칠 전 저녁에 현우의 와인 초대에도 응해 주었고, 그날 아내에게 용서를 구하자 앞으로 함께 노력해 보자는 말도 했습니다.

이번에 용서에 대해서 배우면서 현우는 아내가 자신을 용서하는 것이 어려운 일이며, 시간이 많이 필요하다는 것을 알게 되었습니다. 그래서 용서는 마라톤이라는 생각을 하면서 인내심을 가지고 아내가 자신을 용서해 줄 때까지 계속해서 다양한 용서구하기 전략을 시도해 보려고 합니다.

2) 용서구하기에 대한 요약하기

당신이 실천한 용서구하기에 대해서 정리하고 요약을 해 놓으면 이번에 실천한 용서구하기의 과정과 결과를 더 자세히 이해할 수 있고, 다음에 다른 대상에게 용서구하기를 실행할 때도 도움이 될 것입니다.

◈ 선희 엄마의 용서구하기에 대한 요약하기

다음은 선희 엄마가 작성한 것입니다.

활동지 6-4: 나의 용서구하기에 대한 요약(선희 엄마)

1. 내가 상처를 입힌 사람에게 용서를 구하는 과정을 거치면서 얻은 것은 무엇입니까?

- 내가 딸에게 무엇을 잘못했는지 명확하게 알게 되었다.

- 나도 모르게 다른 사람에게 상처를 줄 수 있다는 것을 알게 되었다.
- 일단 내가 잘못했을 경우에는 더 나빠지기 전에 얼른 용서를 구하는 것이 필요하다.

2. 용서구하기를 실천하는 데 가장 도움이 된 것은 무엇입니까?

- 딸이랑 마음을 열고 대화하면서 딸의 입장에서 생각해 본 것
- 나의 잘못을 인정한 것
- 남편의 도움

3. 용서구하기를 실천하는 데 가장 방해가 된 것은 무엇입니까?

- 나의 자존심 때문에 처음에는 나만 보면 화를 내고 피하는 딸에게 먼저 다가서는 것이 어려웠다.
- 나의 잘못을 인정하기가 어려웠다.
- 부모로서의 권위를 버리는 것이 어려웠다.

4. 용서구하기를 실천하고 난 뒤에 나에게 일어난 변화는 무엇입니까?

- 내 마음이 많이 편안해졌다.
- 이제는 딸과 대화를 많이 한다.
- 가족 간의 관계가 부드러워졌다.
- 이제는 가족에게 신경을 덜 쓰고, 내가 좋아하는 일을 찾아서 하려고 한다.

3) 화해하기 작업으로 넘어가기

앞에서도 설명했지만 용서는 나 자신이 치유되는 것이며, 두 사람의 관계가 치유되기 위해서는 화해가 필요합니다. 비록 용서가 화

해의 가능성을 열어 주기는 하지만 좋은 관계를 회복하기 위해서는 두 사람이 함께 적극적으로 노력하는 화해가 필요합니다.

만약 내가 용서를 구하고 상대방이 용서를 해 주었다면 그 다음에는 두 사람이 함께 화해하기 작업으로 넘어갈 것을 강력히 추천합니다. 큰 맘 먹고 화해하기 작업까지 하게 된다면 두 사람의 관계는 한 차원 더 성숙한 좋은 관계가 될 수 있습니다.

화해하기 작업에 대한 친절한 안내가 제3부에 있으므로 너무 어려워하지 말고 계속해서 용서와 화해의 길을 걸어가기를 바랍니다. 용서와 화해라는 산의 정상이 바로 여러분의 눈 앞에 있습니다.

실습: 당신에게 적용하기

1. 용서구하기의 과정

　당신은 용서구하기의 과정을 시작할 준비가 되었습니까? 그럼 지금부터 용서구하기의 과정을 하나씩 차례대로 따라가 봅시다.

　제4장에서 당신이 작성한 [활동지 4-1: 내가 입힌 상처 체크리스트]로 되돌아가십시오(p. 163). 용서구하기 작업을 하기 위해 당신이 선택한 상처를 떠올려 보십시오. 언제, 누구에게, 어떤 상처를 입혔습니까?

　구체적인 내용은 다르지만 용서구하기의 전체적인 경로는 용서하기와 유사합니다. 다음에 나오는 [그림 6-1]은 용서구하기의 과정을 보여 줍니다.

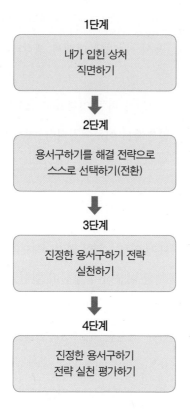

1단계

내가 입힌 상처
직면하기

2단계

용서구하기를 해결 전략으로
스스로 선택하기(전환)

3단계

진정한 용서구하기 전략
실천하기

4단계

진정한 용서구하기
전략 실천 평가하기

[그림 6-1] 용서구하기의 과정

그럼 지금부터 당신이 선택한 상처를 대상으로 해서 용서구하기
작업을 단계적으로 따라가 봅시다.

1) 1단계: 내가 입힌 상처 직면하기

내가 입힌 상처를 직면하는 단계는 당신이 어떤 상처를 입혔고,
그것이 지금 현재 나와 상대방에게 어떤 영향을 미치는지를 분명하
게 인식하는 단계입니다. 이 단계는 매우 중요합니다. 왜냐하면 당

신이 입힌 상처와 그 영향을 제대로 인식할수록 문제 해결의 필요성을 더 많이 느끼고, 용서구하기에 대해서 생각해 보게 되기 때문입니다.

내가 입힌 상처와 그 상처가 미친 영향을 점검하는 것은 '나와 상대방'이라는 두 가지 방향에서 이루어집니다. 첫째, 상처를 입힌 것이 현재 나에게 어떤 영향을 미치고 있나요? 둘째, 현재 상대방에게는 어떤 영향을 미치고 있나요?

◈ **상처를 입힌 것이 내게 미치는 영향 평가**(가해자 입장)

다음에 나오는 활동지를 이용하여 당신이 입힌 상처가 현재 당신에게 어떤 부정적인 영향을 주고 있는지를 평가해 보십시오. 각 항목에 대해서 내게 얼마나 영향을 주고 있는지를 점수로 표시하면 됩니다. 영향 점수는 0점(영향이 전혀 없음)에서 6점(영향이 매우 심함)입니다. 천천히 각 항목에 대해서 점수를 매기면서 상처가 내게 어떤 영향을 미치고 있는지를 자세히 살펴보십시오.

활동지 4-2: 상처를 입힌 것이 내게 미치는 영향 평가표
(가해자 입장)

내가 입힌 상처:

- -

영향 점수:

전혀 없음			중간			매우 심함
0	1	2	3	4	5	6

기분:

죄책감(후회, 미안함)을 느낀다. _____

수치심(부끄러움, 창피함)을 느낀다. _____

나에게 화가 난다. _____　　　상대방에게 화가 난다. _____

불안하다.　　_____　　　배신감(서운함)을 느낀다. _____

기타 기분　　_____

_____

생각:

상대방을 믿지 못하게 되었다. _____

인간관계에 대해 다시 생각하게 되었다. _____

내가 부족하고 단점이 많다는 생각이 든다. _____

상처 입힌 것에 대해서 반복해서 계속 생각하게 된다. _____

기타 생각　　_____

_____

행동:

상대방과의 관계가 나빠졌다. _____

식욕도 없고 잠도 잘 못 잔다. _____

집안일/학교/직장 생활을 하기 힘들다. _____

사람들을 피한다. _____

기타 행동　　_____

_____

◈ 상처를 입힌 것이 상대방에게 미치는 영향 평가(피해자 입장)

다음 활동지를 이용해서 내가 상처를 입힌 것이 현재 상대방(피해자)에게 어떤 부정적인 영향을 주고 있는지를 상대방의 입장이 되어서 평가해 보십시오. 천천히 각 항목에 대해서 점수를 매기면서 내가 상대방에게 어떤 상처를 주었는지, 그 일 때문에 상대방이 얼마나 힘들어하고 있는지를 자세히 살펴보십시오.

[활동지 4-3: 상처를 입힌 것이 상대방에게 미치는 영향 평가표]
(피해자 입장)

내가 입힌 상처:

영향 점수:

전혀 없음			중간			매우 심함
0	1	2	3	4	5	6

기분:

화가 난다. _____   배신감을 느낀다. _____

우울하다. _____   억울하다. _____

불안하다. _____

기타 기분 _____

_____

생각:

상대방을 믿지 못하게 되었다. _____

이 세상이 불공평하다는 생각이 든다. _____

내가 약하고 무능력하다는 생각이 든다. _____

상처에 대해서 반복해서 계속 생각하게 된다. _____

기타 생각 _____

_____

행동:

상대방과의 관계가 나빠졌다. _____

식욕도 없고 잠도 잘 못 잔다. _____

집안일/학교/직장 생활을 하기 힘들다. _____

사람들을 피한다. _____

기타 행동 _____

_____

2) 2단계: 용서구하기를 해결 전략으로 스스로 선택하기(전환)

당신이 다른 사람에게 상처를 입힌 후에 그것을 해결하기 위해서 지금까지 사용해 온 방법은 무엇입니까? 그것이 효과가 있었습니까? 해결 전략으로 용서구하기를 시도해 볼 생각이 듭니까? 그렇다면 당신의 생각을 좀 더 굳건하게 만들기 위해서 다음의 서약서를 작성해 보십시오.

활동지 6-1: 용서구하기 시도 결심 서약서

나는 상처를 준 (   )에게 용서를 구하기 위해서 다음을 약속합니다.

1. 그 사람에게 상처를 준 것은 인정하겠습니다.
2. 그 사람의 입장에서 이해하고 공감하려고 노력하겠습니다.
3. 내가 준 상처에 대해서 반성하고 사과하고 보상하려고 노력하 겠습니다.
4. 과거의 상처가 앞으로의 우리들의 관계에 영향을 미치지 않도 록 노력하겠습니다.

이름: 날짜:

3) 3단계: 진정한 용서구하기 전략 실천하기

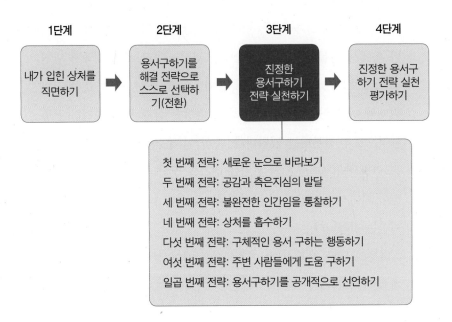

[그림 6-2] 진정한 용서구하기 전략 실천하기

앞에 제시한 [그림 6-2]에서 보는 것처럼 진정한 용서구하기 전략에는 일곱 가지가 있습니다. 비록 종류가 많기는 하지만 전략 하나하나가 용서를 구하는 데 큰 도움이 되므로 최대한 실천하도록 노력해 보십시오.

(1) 첫 번째 전략: 새로운 눈으로 바라보기(맥락 속에서 깊이 이해하기)

새로운 눈으로 바라보는 것은 내가 상처를 입힌 것에 대해서 맥락 속에서 새롭게 깊이 이해한다는 것입니다. 상처에 대해서 단편적으로 보는 것이 아니라 나와 상대방의 입장을 고려하고, 과거와 현재와 미래라는 시간을 고려하고, 다양한 상황 등을 고려하여 총체적으로 바라본다는 것입니다. 특히 이 전략에서 가장 중요한 것은 역지사지(易地思之)의 관점을 취하는 것입니다. 즉, 상대방의 입장이 되어서 상대방이 받은 상처를 이해하고 나의 잘못을 분명하게 깨닫는 것입니다.

다음의 [활동지 6-2]를 이용해서 당신이 상처를 입힌 사람의 삶에 대해서 전체적으로 생각해 보는 기회를 가져 보십시오. 당신 혼자서 작성할 수도 있지만, 가능하면 상대방과의 대화를 통해 작성하는 것도 좋습니다.

[활동지 6-2: (   )의 삶]

* 당신이 상처를 입힌 사람을 위에 써 넣고, 다음을 중심으로 그 사람의 삶에 대해서 최대한 자세하게 써 보십시오.

1. 그 사람의 성장 과정은 어떠했습니까? (그 사람이 어린아이였을 때, 청소년이었을 때, 성인이 되었을 때 어떠했습니까? 구체적인 사건들을 예로 들면서 써 보십시오.)

2. 당신이 상처를 줄 당시, 그 사람의 삶은 어땠을까요? (구체적
   인 사건들을 예로 들면서 써 보십시오.)

3. 상대방의 장점을 세 가지만 써 보십시오.

4. 상대방의 단점을 세 가지만 써 보십시오.

앞의 활동지를 다 작성했습니까? 그것이 상대방과 상처에 대해서 새롭게 바라보는 데 도움이 되었습니까? 특히 당신이 무엇을 잘못했는지 정확하게 이해했습니까?

시간을 내서 당신의 생각을 자세하게 적어 보십시오.

> (빈 칸)

(2) 두 번째 전략: 공감과 측은지심의 발달

당신이 상처를 입힌 사람은 그 상처를 받았을 때 어떤 기분이었을까요? 지금은 어떤 기분일까요? 그 사람이 불쌍하고, 최대한 그 상처를 줄여 주고 싶은 생각이 듭니까?

시간을 내서 당신의 생각을 자세하게 적어 보십시오.

> (빈 칸)

(3) 세 번째 전략: 불완전한 인간임을 통찰하기

당신이 어떤 잘못을 했는지 이제는 잘 알겠습니까? 당신의 단점 또는 한계는 무엇입니까? 상대방은 어떤 단점과 한계가 있습니까?

우리 모두 불완전한 인간이어서 상처를 주기도 하고 받기도 합니다. 예전에 누군가 당신에게 용서를 구해서 당신이 용서해 준 경험이 있습니까? 그때 당신과 상대방에게는 어떤 변화가 일어났습니까? 이번에는 당신이 먼저 용서를 구해 보면 어떨까요?

시간을 내서 당신의 생각을 자세하게 적어 보십시오.

(4) 네 번째 전략: 상처를 흡수하기

당신에게서 상처를 받은 사람이 당신에게 분노를 표출한 적이 있습니까? 또는 당신이 괴로워서 주변에 있는 만만한 다른 사람에게 화풀이를 한 적은 없습니까? 그때 당신은 어떻게 반응했습니까? 상처의 악순환을 멈추기 위해서는 당신이 먼저 상처와 고통을 흡수하는 것이 필요합니다. 그것을 위해 당신이 할 수 있는 일은 무엇입니까?

시간을 내서 당신의 생각을 자세하게 적어 보십시오.

```
┌─────────────────────────────────────────────────┐
│                                                   │
│ _____ │
│ _____ │
│ _____ │
│ _____ │
│ _____ │
│ _____ │
│ _____ │
│ _____ │
│                                                   │
└─────────────────────────────────────────────────┘
```

(5) 다섯 번째 전략: 구체적인 용서구하는 행동하기

당신은 상처를 준 사람에게 사과하고 필요한 보상을 해 주었습니까? 직접적으로 당신을 용서해 달라는 말을 했습니까? 상대방에게 당신의 호의를 표현하기 위해서 선물을 하는 것에 대해서 어떻게 생각합니까?

시간을 내서 어떻게 용서구하기를 구체적인 행동으로 표현할 것인지를 계획해 보십시오.

```
┌─────────────────────────────────────────────────┐
│ 1. 어떻게 사과하고 보상할 것입니까? 용서를 구한다는 말을 구체 │
│    적으로 어떻게 할 것입니까?                        │
│                                                   │
│ _____ │
│                                                   │
│ _____ │
│                                                   │
└─────────────────────────────────────────────────┘
```

2. 상대방에게 어떤 선물을 할 수 있습니까?

_____

_____

_____

(6) 여섯 번째 전략: 주변 사람들에게 도움 구하기

혼자서 해결하기 어려우면 얼른 주변의 도움을 받도록 하십시오. 필요하면 전문적인 도움을 받는 것도 좋습니다.

누구에게 어떤 도움을 받을 수 있는지를 자세하게 적어 보십시오.

_____

_____

_____

_____

_____

_____

(7) 일곱 번째 전략: 용서구하기를 공개적으로 선언하기

용서구하기를 공개적으로 말과 행동으로 표현하면 당신의 행동을 지속시키는 데 도움을 줍니다.

다음의 용서구하기 증서를 작성해 보십시오. 그리고 당신의 눈에 제일 잘 띄는 곳에 붙여 놓고서 당신이 용서구하기 행동을 잘하고 있는지 자주 점검해 보십시오. 당신의 실천을 도와줄 가까운 사람을 보증인으로 세우는 것도 좋은 방법입니다.

활동지 6-3: 용서구하기 증서

나는 상처를 준 (   )에게 용서를 구합니다.

그리고 다음을 약속합니다.

1. 나의 잘못을 반성하고 있으며, 다시는 그런 일이 발생하지 않도록 노력하겠습니다.
2. 그 사람에게 사과하고, 보상하며, 직접 용서를 구하겠습니다.
3. 그 사람에 대해서 최대한 긍정적으로 생각하고, 느끼고, 행동하도록 노력하겠습니다.
4. 그러나 그 사람이 나를 용서하도록 강요하지 않을 것이고 최대한 인내하고 고통을 감수하며 그 사람에게 필요한 시간을 주도록 노력하겠습니다.

이름: 날짜:

보증인: 날짜:

4) 4단계: 진정한 용서구하기 전략 실천 평가하기

지금까지 일곱 가지의 진정한 용서구하기 실천 전략에 대해서 살펴보았습니다. 진정한 용서구하기 전략을 수행한 뒤에는 각 전략을 잘 수행했는지 점검해 보는 것이 필요합니다. 이를 위해서 〈부록 6-2〉에 '진정한 용서구하기 전략 실천 점검표'를 제시하였습니다(p. 251). 각 전략을 하나씩 자세히 점검해 보다가 만약에 당신이 3점 이상으로 실천하지 못한 전략이 있으면 그 전략을 다시 한 번 수행하십시오.

2. 용서구하기 결과 평가

1) 한국인 용서구하기 척도 작성하기

용서구하기의 과정을 거치고 난 뒤에 당신은 상대방을 얼마나 용서하게 되었습니까? 〈부록 6-3〉 '한국인 용서구하기 척도'를 작성해 보십시오(p. 253). 당신의 용서구하기 총점은 얼마입니까?(점)

점수의 해석 기준에 따르면 당신은 어떻게 해야 합니까? 당신의 계획을 구체적으로 적어 보십시오.

2) 나의 용서구하기에 대한 요약하기

당신이 거쳐 온 용서구하기의 과정을 요약해 놓으면 이번에 실천한 용서구하기를 더 잘 이해할 수 있고, 다음에 다른 대상에게 용서구하기를 실천할 때도 도움이 될 것입니다. 다음 활동지를 자세히 작성해 보십시오.

활동지 6-4: 나의 용서구하기에 대한 요약

1. 내가 상처를 입힌 사람에게 용서를 구하는 과정을 거치면서 얻은 것은 무엇입니까?

_____

_____

_____

2. 용서구하기를 실천하는 데 가장 도움이 된 것은 무엇입니까?

_____

_____

_____

3. 용서구하기를 실천하는 데 가장 방해가 된 것은 무엇입니까?

_____

_____

_____

4. 용서구하기를 실천하고 난 뒤에 나에게 일어난 변화는 무엇입니까?

---

3) 화해하기 작업으로 넘어가기

용서는 나 자신이 치유되는 것이며, 두 사람의 관계가 치유되기 위해서는 화해가 필요합니다. 비록 용서가 화해의 가능성을 열어 주기는 하지만 좋은 관계를 회복하기 위해서는 두 사람이 함께 적극적으로 노력하는 화해가 필요합니다.

만약 내가 용서를 구하고 상대방이 용서를 해 주었다면 그 다음에는 두 사람이 함께 화해하기 작업으로 넘어갈 것을 강력히 추천합니다. 큰 맘 먹고 화해하기 작업까지 하게 된다면 두 사람의 관계는 한 차원 더 성숙한 좋은 관계가 될 수 있습니다.

제3부에서는 화해하기 작업에 대해서 자세히 설명할 것입니다.

부록 6-1

내가 상처를 입혔을 때 사용하는 자아방어기제

종류	설명	예
억압	내가 입힌 상처를 무의식으로 밀어내서 의식조차 하지 못하게 하는 것	선희 엄마가 딸을 때리고 욕한 것을 기억조차 못하는 것
부정	보거나 듣는 것을 거부해서 지각한 것을 왜곡하거나 지각한 현실을 왜곡해서 현실과 다르게 받아들이는 것	딸을 때린 증거가 있는데도 그 사실을 완전히 부정하거나, 별로 큰 상처가 아니라면서 상처의 영향을 축소시키고 부정하는 것
합리화	부당하고 비합리적인 상처 주는 행동에 대해서 합리적인 설명을 제공하려고 노력하는 것	딸의 미래를 위해서 어쩔 수 없이 한 것이라고 변명하는 것
반동형성	실제로 느끼는 감정이나 생각과는 정반대로 표현하는 것	속으로는 딸에게 죄책감을 느끼고 사과를 하고 싶지만 겉으로는 여전히 딸에게 화를 내는 것
대치	다른 대상에게 부정적인 반응을 보이는 것	딸에게 미안하고 부끄러운 감정을 만만한 남편이나 아들에게 화를 내는 것으로 푸는 것
투사	나의 불편한 욕구나 감정을 다른 사람의 탓으로 돌리는 것	내가 딸을 피하는 것이 아니라 딸이 나를 피하는 것이라고 하는 것
동일시	상처를 받은 피해자처럼 되는 것	상처 받은 딸처럼 화를 내거나 사람들을 피하며 외톨이로 지내는 것

부록 6-2

진정한 용서구하기 전략 실천 점검표

1. 당신이 상처를 준 사람과 그 사건에 대해서 전체적인 맥락 속에서 이해하려고 노력했습니까? 당신의 잘못이 무엇인지를 정확하게 이해했습니까?

전혀 아니다		보통이다		매우 그렇다
1	2	3	4	5

2. 당신이 상처를 준 사람을 공감하고 측은지심을 느낍니까?

전혀 아니다		보통이다		매우 그렇다
1	2	3	4	5

3. 나와 상대방은 모두 불완전하며 잘못을 저지르기 쉬운 인간이라는 것을 깨달았습니까?

전혀 아니다		보통이다		매우 그렇다
1	2	3	4	5

4. 당신이 입힌 상처의 영향을 흡수하고 감내하고 있습니까?

전혀 아니다		보통이다		매우 그렇다
1	2	3	4	5

5. 구체적인 용서구하기 행동을 했습니까? (예: 사과, 보상, 선물주
   기, 용서구하기)

전혀 아니다		보통이다		매우 그렇다
1	2	3	4	5

6. 주변 사람에게 도움을 구했습니까?

전혀 아니다		보통이다		매우 그렇다
1	2	3	4	5

7. 용서구하기를 공개적으로 선언했습니까?

전혀 아니다		보통이다		매우 그렇다
1	2	3	4	5

> ### 부록 6-3
> # 한국인 용서구하기 척도

* 다음의 문항들은 당신이 입힌 상처와 그 사람에 대해서 지금 어떻게 생각하고, 느끼고, 행동하는지에 대한 것입니다. 각 문항을 보고, 자신을 가장 잘 나타내 주는 곳에 ○표 해 주십시오. 한 문항도 빠뜨리지 말고 모두 응답해 주십시오.

	매우 그렇지 않다	대체로 그렇지 않다	그저 그렇다	대체로 그렇다	매우 그렇다
1. 그 사람에 대한 죄책감이 남아 있다.	1	2	3	4	5
2. 그 사람을 봐도 마음이 편안하다.	1	2	3	4	5
3. 그 사람을 보면 부끄럽다.	1	2	3	4	5
4. 상대방의 입장에서 더 생각해 보게 된다.	1	2	3	4	5
5. 내가 입힌 상처를 잊기 어렵다.	1	2	3	4	5
6. 그 일로 인해 나를 믿지 못하게 되었다.	1	2	3	4	5
7. 나의 나쁜 습관을 바꾸려고 노력한다.	1	2	3	4	5
8. 그 사람과 사이가 나빠졌다.	1	2	3	4	5
9. 내 행동이나 말을 조심하려고 노력한다.	1	2	3	4	5
10. 그 사람에게 잘해 주려고 노력한다.	1	2	3	4	5

● 한국인 용서구하기 척도를 채점하는 방법은 다음과 같습니다.

① 2번, 4번, 7번, 9번, 10번의 점수를 더합니다.

② 1번, 3번, 5번, 6번, 8번의 점수를 역으로 바꿉니다. 바꾼 점수를 더합니다.(예: 1점→5점, 2점→4점, 4점→2점, 5점→1점)

③ ①과 ②의 점수를 더하여 총점을 냅니다. 당신의 총점은 얼마입니까? (점)

● 한국인 용서구하기 척도 총점을 해석하는 기준은 다음과 같습니다.

① 22점 이하: 낮은 수준

당신은 아직도 상처를 준 것의 영향을 많이 받고 있으며, 그 때문에 당신의 생각과 감정과 행동이 부정적입니다. 잠시 쉬었다가 다시 한 번 동일한 상처를 대상으로 용서구하기의 과정을 실행해 보십시오.

② 23~32점: 보통 수준

두 가지 방향을 선택할 수 있습니다. 첫째, 이번 대상에 대해서 다시 한 번 용서구하기 작업을 함으로써 당신의 용서구하기를 심화시키는 것입니다. 둘째, 다른 대상으로 넘어가는 것입니다.

③ 33점 이상: 높은 수준

당신의 용서구하기 작업은 크게 성공한 것입니다. 그러나 여기서 멈추지 말고 잠시 휴식을 취했다가 시간이 나는 대로 다른 대상을 선택해서 용서구하기 작업을 반복해 볼 것을 권합니다. 용서구하기를 계속 연습하게 되면 당신은 더욱 많이 치유되고 성장하게 될 것입니다.

제3부

화해하기

07 화해하기란 무엇일까

좋은 벗은 만들어지는 것이 아니다.
함께 겪은 수많은 추억, 괴로운 시간, 어긋남, 화해, 갈등…….
우정은 이런 것들로 이루어진다.

- 생텍쥐페리 -

그동안 용서연구자들은 용서와 화해를 구별하여 용서에만 초점을 맞추고 연구를 했습니다. 화해는 용서보다 훨씬 더 복잡한 과정이므로 먼저 용서를 과학적으로 연구하는 것이 필요했기 때문입니다. 그러나 연구를 할수록 용서와 화해가 밀접하게 연관되어 있어서 용서만으로는 상처를 치유하는 데 한계가 있다는 것을 알게 되었습니다. 어느 심리학자가 우리나라 성인들에게 용서교육 프로그램을 실시해 본 결과에서도 참가자들이 화해를 지향하는 성향이 나타났습니다. 사람들은 "화해가 안 된 용서는 왠지 개운치가 않습니다." "혼자서 맺힌 것을 푸는 것이 가능할까요?" "혼자서 해결하는 것은 소극적인 것 같습니다." 등의 반응을 보였습니다.

용서와 화해는 분명히 다릅니다. 그러나 일상생활에서 용서와 화해는 서로 밀접하게 연결되어 있고, 용서는 화해를 통해 완성됩니다. 따라서 용서의 작업을 하고 난 뒤에는 화해의 작업으로 나아가는 것이 필요합니다.

영자는 시어머니를 모시고 남편과 두 아이와 함께 살고 있습니다. 어느 날 영자의 시어머니는 아이들의 행동 하나하나를 꼬집어 말하면서 그것이 어미의 잘못된 교육 탓이라고 꾸중했습니다. 화가 난 영자는 아이들은 잘못한 것이 없고 오히려 남편의 나쁜 행동들이 시어머니의 잘못된 교육 탓이라고 말해서 시어머니를 화나게 했고, 결국 눈물까지 흘리게 했습니다.

그 사건 이후 며칠 동안 집안 분위기는 한마디로 살얼음판이었습니다. 시어머니는 영자를 피해서 방에서 나오지도 않았습니다. 남편은 영자에게 어떻게 해서든지 빨리 이 사태를 해결하라고 종용했습니다. 영자는 여러 가지 생각이 들었습니다. 먼저 잘못한 것은 시어머니인데 자신만을 다그치는 남편이 밉기도 했습니다. 그러나 불편해하는 남편과 아이들을 생각하니 어떻게 해서든지 이 사태를 해결해야 했습니다. 그래도 망설였는데, 어느 정도 시간이 지나자 시어머니가 잘못한 것은 사실이지만 그 순간을 참지 못하고 무례하게 행동한 자신도 잘못이라는 생각이 들었습니다. 그래서 자신이 먼저 용서를 구하는 것이 좋겠다고 마음먹었습니다.

5일째 되는 날 영자는 아침 일찍 일어나 시어머니가 좋아하는 음식을 준비하고는 시어머니에게 "진지 잡수세요."라고 하면서 상냥하게 말문을 열었습니다. 그리고 시어머니에게 맛있는 것을 권하고, 식사가 끝날 무렵 "어머니, 제가 잘못했어요. 그런데 아이들 일은 아이들이 알아서 스스로 처리하도록 했으면 좋겠어요. 그래야 책임감 있는 사람으로 큰대요."라고 속을 털어놓고 이야기했습니다.

시어머니는 처음에는 시큰둥하게 반응했습니다. 그러나 계속해서 영자가 상냥하게 대하며 맛있는 음식을 해 드리자 조금씩 변하기 시작했습니다. 어느 날 영자는 등을 밀어 드린다고 하면서 시어머니와 함께 목욕탕에 갔습니다. 시어머니는 영자의 등을 밀어 주면서 "고생이 많다."라고 하며 울먹이셨습니다. 그리고는 시아버지가 일찍 돌아가신 어려운 상황에서 남편을 교육시키기 위해서 자신이 얼마나 고생했는지에 대해서 이야기했습니다. 그 말을 듣고 난 영자는 자신의 잘못에 대해서 더 많이 깨닫게 되었고, 다시 한 번 진심으로 사과하고 용서를 구했습니다.

그 후로 시어머니는 아이들의 교육에 대해서 간섭하지 않았고, 영자도 전보다 시어머니에게 더 잘해 드리게 되었습니다.

이 고부간의 화해 이야기는 일상생활에서 자주 발생하는 상처와 용서와 화해의 복잡한 과정을 보여 줍니다. 아이들 문제로 부딪힌 영자와 시어머니는 상대방을 비난하면서 서로 상처를 주고받았습니다. 그 후에 서로 용서를 구하고, 용서하는 과정을 거친 후에 화해까지 나아가게 되었고, 그 결과 한 단계 더 성숙한 고부관계를 만들게 되었습니다.

앞에서도 말했지만 30년 동안 용서를 과학적으로 연구해 온 엔라이트 박사는 용서구하기, 용서하기, 화해하기가 용서의 삼각형을 만들고, 화해를 통해서 용서가 완성된다고 말합니다. 이 세 가지는 서로 밀접하게 관련되어 있지만 분명히 다른 과정입니다. 용서구하기는 가해자가 주체가 되고, 용서하기는 피해자가 주체가 되며, 화해하기는 가해자와 피해자 모두가 주체가 됩니다. 그리고 각 과정에 포함되어 있는 내용들도 다릅니다. 이러한 차이들을 잘 이해하는 것이 제대로 된 용서와 화해의 작업을 하는 데 꼭 필요합니다.

제1부 용서하기와 제2부 용서구하기에서 살펴본 것처럼 용서는

힘들고 긴 과정입니다. 그러나 화해하기는 더 어려운 과정입니다. 특히 가정폭력이나 학교폭력과 같은 위험한 상황에서 화해할 때는 더 많은 주의와 노력이 필요합니다. 섣부른 화해는 폭력의 지속을 가져오며, 최악의 경우에는 죽음까지 불러올 수 있기 때문입니다. 잘 못했다고 빌면서 다시 같이 살자는 남편의 말만 믿고 집으로 돌아간 부인이 계속해서 폭행을 당하다가 무자비하게 살해당하는 경우도 있었습니다.

진정한 화해를 하기 위해서는 화해가 무엇인지를 분명하게 이해하는 것부터 시작해야 합니다. 화해하기란 무엇일까요? 화해하기는 왜 필요하며, 어떤 문제점이 있을까요?

1. 화해하기의 정의와 조건

1) 화해하기의 정의

용서와 화해의 차이는 무엇일까요? 용서는 자신의 내면에서 혼자 작업하는 내적인 과정이고, 화해는 관련된 사람들이 함께 작업하는 과정입니다. 또 용서는 화해의 문을 열어 놓기는 하지만 화해를 하기 위해서는 용서 외에 다른 요인들이 필요합니다. 예를 들어, 가정폭력을 휘두르는 남편을 부인이 혼자서 용서할 수 있습니다. 그러나 그 부인이 남편과 화해하기 위해서는 두 사람이 모두 화해할 의도가 있어야 하며, 더 나아가서 남편의 폭력이 재발하지 않도록 하는 사전조치들이 필요합니다.

그렇다면 화해란 무엇일까요? 화해는 '상처 때문에 신뢰가 파괴된 관계에서 다시 신뢰를 회복하고 관계를 회복하는 것'입니다. 왕따는 친구 간의 신뢰를 파괴하고, 부모의 편애나 학대는 부모-자녀 간의 신뢰를 파괴하며, 외도는 부부간의 신뢰를 파괴합니다. 이렇게 신뢰가 파괴된 뒤에 관련된 사람들이 함께 노력해서 다시 신뢰를 회복하고 관계를 회복하는 것이 화해입니다.

용서는 자신의 내부에서 이루어지는 과정이기 때문에 무조건적으로 할 수 있지만, 화해는 두 사람이 함께하는 것이기 때문에 반드시 조건이 필요합니다. 그렇다면 화해의 조건은 무엇일까요?

2) 화해하기의 조건

(1) 용서하고 용서구하기

엔라이트 박사는 화해란 내가 용서하고 상대방이 용서를 구하는 과정을 거친 뒤에 관련된 두 사람 이상이 서로 신뢰하면서 함께 만들어 가는 과정이라고 봅니다. 즉, 화해는 용서하고 용서구하기가 이루어진 뒤에 가능합니다.

남편의 외도로 상처를 입은 희수가 남편과 화해하기 위해서는 남편이 용서를 구하고 희수가 용서하는 과정이 반드시 필요합니다. 비록 희수가 남편을 용서하고 화해하려고 해도 남편이 자신의 잘못을 깨닫고 용서를 구하는 과정이 없으면 진정한 화해의 문으로 들어설 수 없습니다. 물론 거짓 화해가 가능하기는 합니다. 이혼이라는 복잡한 상황이 싫어서 남편이 진심으로 뉘우치고 용서를 구하지 않아도 남편을 용서해 주고 함께 사는 것입니다. 그러나 이 경우에 희수가 남편을 신뢰할 수 있을까요? 아마도 어려울 것입니다. 항상 노심초사하면서 남편의 바람기를 점검할 것입니다. 이것은 신뢰가 회복되지 않은 관계이며 진정한 화해가 아닙니다.

(2) 상호 신뢰를 위한 조치들

화해는 관련된 사람들이 상호 신뢰를 회복하는 과정이므로 서로를 신뢰할 수 있는 조치들이 필요합니다. 상호 신뢰를 위한 조치들은 상황에 따라 다르게 나타나겠지만, 가장 기본적인 것은 피해자의 안전보장, 가해자의 반성과 상처의 재발방지 보장, 상호 간의 진실한 화해의도와 노력 등입니다.

예를 들어, 매 맞는 아내가 남편과 화해하기 위해서는 가장 먼저 안전보장이 필요합니다. 즉, 아내가 다시는 신체적 · 정신적으로 상처를 받지 않도록 하는 안전 조치가 필요합니다. 또 남편이 자신의 잘못을 반성하고, 아내에게 용서를 구하고, 재발방지를 위한 약속도 있어야 할 것입니다. 더 나아가서 두 사람이 모두 진실한 화해의도를 가지고 노력하는 것도 필요합니다.

여기서 진실한 화해의도란 나의 이익을 위해서가 아니라 상대방과 두 사람이 만든 관계를 위해서 화해하는 것을 말합니다. 예를 들어, 폭력 남편의 경우에 아내가 고통을 받기 때문에 그리고 가족이라는 관계가 소중하기 때문에 화해를 하려고 노력하는 것이 진실한 화해의도입니다. 어떤 사람들은 자신의 마음이 편해지려고 또는 상대방과의 관계를 이용하기 위해서 화해를 하려고 할 수도 있습니다. 그것은 거짓 화해이고, 상대방도 그것을 알아차리기 때문에 진정한 화해가 이루어지기 어렵습니다. 반면에 상대방과 서로의 관계를 위한 존중과 사랑에서 나오는 화해는 상대방의 마음도 움직여서 함께 노력하도록 만들기 때문에 진정한 신뢰회복과 관계회복의 가능성을 높여 줍니다.

용서와 화해가 연결되는 경우도 있지만 분리되는 경우도 있습니다. 용서는 하지만 화해는 못할 수도 있습니다. 예를 들어, 상대방이 죽은 경우나 상대방이 화해를 거부하는 경우 등 화해의 조건이 충족되지 않는 경우에는 용서만 가능합니다.

용서를 하지 않고 화해만 하는 경우도 있을 수 있습니다. 예를 들어, 외도를 한 남편을 용서하지는 않았지만 아이들을 위해서 함께 살 수도 있습니다. 그러나 이 경우에는 무늬만 부부인 경우가 많습니다. 함께 살기는 하지만 각 방을 쓰고, 서로 말을 잘 하지 않고, 심지어 상대방을 미워하고 비난하기까지 합니다. 이런 화해는 거짓 화해입니다. 겉으로는 화해한 것처럼 보이지만 실제로는 진정한 화해의 핵심인 상호 신뢰가 회복되지 않았기 때문입니다. 따라서 진정한 화해를 하기 위해서는 반드시 용서가 필요합니다.

2. 다양한 화해하기의 종류

용서하기나 용서구하기처럼 화해하기에도 세 가지 종류가 있습니다.

첫째, '방편적 화해하기'는 나를 위한 방편이나 도구로서 화해를 이용하는 것입니다. 예를 들어, 남편의 외도로 상처 받은 희수가 남편의 돈과 사회적 지위가 필요해서 화해를 할 경우입니다.

둘째, '역할기대적 화해하기'는 주위에서 기대하거나 강요하기 때문에 화해하는 것입니다. 희수가 가족이 종용하기 때문에 마지못해 화해하는 경우입니다.

셋째, '진정한 화해하기'는 상대방과 서로의 관계에 대한 존중과 사랑에서 화해하는 것입니다. 희수가 남편과 아이들이 고통받고, 힘들어하는 것을 보고, 그 고통을 줄여 주고 좋은 관계를 회복하기 위해서 화해를 하는 경우입니다.

3. 화해하기의 필요성

1) 상처와 갈등으로 파괴된 관계의 회복을 위해서 필요합니다

사람들 사이에서 생겨난 깊은 상처는 나를 파괴하고, 상대방을 파괴하고, 관계를 파괴합니다. 용서하기와 용서구하기를 통해서 나와 상대방은 치유될 수 있지만 관계는 치유될 수가 없습니다. 상처와 갈등으로 파괴된 관계의 회복을 위해서는 반드시 화해가 필요합니다. 예를 들어, 남편의 외도로 상처 받은 희수 부부의 경우에 희수의 용서하기를 통해서 희수가 치유되고 남편의 용서구하기를 통해 남편이 치유됩니다. 그러나 두 사람의 파괴된 관계를 치유하기 위해서는 화해하기가 필요합니다.

2) 범죄의 바람직한 해결방안인 회복적 사법을 위해서 필요합니다

> 민수와 준호는 아주 친한 친구입니다. 그런데 어느 날 민수네 집에 놀러간 준호는 민수 엄마에게 많이 혼났습니다. 민수가 pc 방에 가서 게임을 하다가 밤늦게 집에 들어가게 되면 준호랑 놀다가 늦었다고 거짓말을 했기 때문입니다. 정말 믿었던 친구에게서 배신당했다고 생각한 준호는 너무 화가 났습니다. 그래서 민수를 여관방에 가두고 1주일간 폭행했습니다. 그 일로 인해서 준호는 학교에서 퇴학을 당하였고, 형사 처벌을 받아서 1개월 동안 소년원에 가게 되었습니다.

학교폭력이 심각해지자 강력한 처벌위주의 정책이 시행되고 있지만 이것이 피해자와 가해자 모두에게 도움이 되지 않는다는 비판이 거세지고 있습니다. 앞서 제시한 사례를 봅시다. 가해자인 준호가 학교에서 퇴학당하고 형사 처벌을 받은 것이 피해자와 가해자에게 도움이 될까요? 오히려 부작용이 큰 것은 아닐까요?

먼저 피해자인 민수의 입장에서 살펴봅시다. 준호에 대한 처벌이 민수의 상처를 치유하는 데 도움이 될까요? 오히려 준호의 가족이 애초에 민수가 거짓말을 하여 잘못해 놓고 돈을 원해서 고소했다는 비난을 하기 때문에 민수가 또 상처를 받지는 않을까요, 나중에 소년원에서 나온 준호가 다시 보복할까 봐 두려워지지는 않을까요? 친한 친구에게 폭행을 당한 결과로 인간관계에 대해서 상당한 불신을 가지게 되지는 않을까요? 결국 준호가 처벌받기는 했지만, 민수는 상처에서 제대로 치유되지 못하고 대인공포증을 느껴서 은둔형 외톨이가 되지는 않을까요?

가해자인 준호의 입장에서는 어떨까요? 거짓말을 해 놓고는 자신을 고소까지 해서 학교도 못 다니게 하고 소년원에 가게 한 민수가 더 원망스럽고 보복하고 싶은 생각이 들지 않을까요? 사람들에 대한 증오와 불신이 생기지 않을까요? 퇴학당하고 전과자가 된 준호의 미래는 어떻게 될까요? 자신을 범죄자라고 낙인찍는 사회에 적응하지 못하고 소년원에서 배운 범죄수법으로 또 다른 범죄를 저지르게 되지는 않을까요?

이 사례에서 보는 것처럼 학교폭력에 대해서 처벌위주의 정책을 실시하는 것은 피해자와 가해자, 더 나아가서 사회 공동체를 위해서 좋지 않습니다.

처벌위주의 응보적 사법에 대한 대안으로 1970년대부터 등장한 것이 회복적 사법입니다. 회복적 사법에서는 범죄를 사람과 관계에 대한 침해로 보고 피해자, 가해자, 더 나아가서 공동체까지 포함하는 관련 당사자들이 모여서 범죄로 인해 야기된 손해를 원상회복시키고 화해와 안전을 촉진하는 해결책을 찾습니다. 회복적 사법을 이용하면 사람들이 법절차에 대해서 더 많이 만족하고, 가해자의 재범률도 낮추며, 더 나아가서 피해자 본인도 많이 치유됩니다.

회복적 사법의 목표는 진정한 용서와 화해를 통한 관련 당사자들과 공동체의 관계회복입니다. 회복적 사법의 가장 핵심적인 과정은 '가해자의 용서구하기→피해자의 용서하기→화해하기'로 볼 수 있습니다. 예를 들어, 앞서 제시한 민수의 사례에서 먼저 가해자인 준호가 진심으로 용서를 구하고 이를 받아들여서 민수가 용서하게 되면, 그 다음에 두 사람 사이의 신뢰가 회복되고 화해하게 되는 것입니다. 더 나아가서 관련된 다른 사람들과 학교와 이웃이라는 공동체도 회복됩니다. 이렇게 되면 피해자와 가해자가 모두 치유되면서 법적 절차에도 만족하게 되고, 재범률도 낮아지게 됩니다.

요약하면 화해는 심각한 상처로 인해 파괴된 인간관계를 회복시켜 줍니다. 심지어 범죄와 같은 심각한 상처까지도 화해를 통해 치유될 수 있습니다. 그러나 화해는 용서보다는 훨씬 더 복잡한 과정입니다. 특히 화해가 잘못되면 심각한 문제점이 발생할 수도 있습니다.

4. 화해하기의 문제점

화해를 시도할 때 어떤 문제점이 생길 수 있을까요? 선희와 엄마가 화해를 시도할 때 생겨날 수 있는 문제점은 어떤 것들이 있을까요? 희수 부부가 화해할 때 어떤 점을 조심해야 할까요?

1) 위험한 화해하기

화해하기의 문제점 중에서 가장 큰 것은 위험한 화해입니다. 화해를 하게 되면 상대방과 다시 함께 생활하게 됩니다. 그런데 특히 폭력이 발생하는 상황에서 안전이 보장되지 않은 섣부른 화해는 피해자에게 큰 위험을 초래할 수 있습니다. 남편에게 폭행을 당해서 쉼터로 피신한 아내가 있습니다. 남편이 잘못했다고 용서를 구하며 집으로 돌아올 것을 눈물로 애원한다고 해서 그냥 집으로 가면 절대안 됩니다. 이 경우에 화해하기 위해서는 최소한 남편의 폭력재발을막는 확실한 조치가 있어야 합니다. 당분간은 남편과 떨어져 지내면서 남편의 화해의도가 진실된 것인지를 확인해야 하고, 신체적 안전이 보장되는 상황에서만 남편을 만나야 하며, 남편의 폭력을 고치기위한 조치들을 마련해 놓은 다음에 화해를 시도해야 합니다.

애인 간에 발생하는 데이트 폭력의 경우도 마찬가지입니다. 성급하게 화해하게 되면 폭력이 재발될 수도 있고, 불행한 결혼으로 이어질 수도 있기 때문에 아주 조심해야 합니다. 자주 만나는 가까운사람 사이의 폭력은 사냥꾼이 먹이를 잡기 위해서 설치해 놓은 덫과 같습니다. 그 덫에 한 번 걸리면 죽을 때까지 빠져나오지 못할수도 있으니 조심 또 조심할 필요가 있습니다.

필자는 강의시간에 가정폭력의 위험성을 매우 강조합니다. 그 이유는 대학생들이 미리 가정폭력의 덫을 피하도록 하기 위해서입니다. 대학생들에게 가장 위험한 배우자 상대는 폭력을 사용하는 사람으로, 결혼하기 전에 가장 먼저 상대방이 폭력을 사용할 가능성이 있는지를 확인해야 한다고 강조합니다. 만약에 데이트할 때 상대방이 폭력을 사용했다면 그 사람과는 빨리 헤어지는 것이 좋습니다. 아니면 나중에 나뿐만 아니라 사랑하는 나의 가족까지 위험해질 수도 있습니다. 가정폭력을 당하던 아내가 도망가자 친정을 찾아가서 협박하고, 더 나아가서 방화하고 살인까지 하는 남편도 있었습니다.

　이처럼 위험한 상황에서의 화해는 더욱 천천히 주의 깊게 주변의 도움을 받으면서 진행되어야 합니다. 만약에 위험이 제거되지 않을 경우에는, 용서는 하지만 화해는 하지 않는 것이 더 바람직합니다. 가정폭력의 경우에 남편의 폭력위험이 남아 있는 경우에는 아내가 남편을 용서하고 자신을 치유할 수는 있지만 섣부르게 화해해서는 안 됩니다.

2) 나와 상대방이 준비되지 않은 화해하기

　나와 상대방이 준비되지 않은 상황에서 화해하는 것은 여러 가지로 문제가 됩니다.

(1) 주변에서 화해하라고 강요하는 경우

　외도로 상처 받은 희수의 경우에 주위 사람들이 아이들을 위해서 화해하라고 강요할 수가 있습니다. 이렇게 되면 남편이 자신의 잘못을 충분히 반성하지 못한 상황에서 화해를 하게 되고, 희수는 다시 상처를 받을 수가 있습니다. 또는 피해자가 용서할 준비가 안 된 상황에서 화해하라고 해서 겉으로는 화해하는 척하지만 마음속에는 분노와 적대감이 계속 남아 있을 수 있습니다. 그렇게 되면 진정한 화해가 될 수 없습니다.

(2) 나의 편의만을 위하는 경우

　내 마음이 불편하거나 상대방이 내게 필요해서 얼른 화해하려고 하는 것입니다. 희수 남편의 경우에 아내랑 싸우는 것이 불편하고 여러 가지로 아내의 도움이 필요하기 때문에 화해하려고 할 수 있습니다. 이런 경우에는 자신의 잘못에 대한 충분한 반성 없이 급하게 용서를 구하게 됩니다. 그렇게 되면 상대방에게 같은 잘못을 반복하게 될 수도 있습니다. 또는 진실한 용서구하기가 아니기 때문에 상대방을 설득하기가 어렵게 되고, 상대방에게 화해를 강요하게 되면서 또 다른 상처를 입히게 되어서 오히려 화해를 어렵게 만들어 버립니다.

(3) 상대방에게 강요하는 경우

화해는 관련된 사람들이 함께 작업하는 과정입니다. 그런데 나는 준비가 되어 있지만 상대방은 준비가 되어 있지 않을 수 있습니다. 희수가 아직도 심한 분노와 배신감을 느껴서 남편과 이야기하는 것을 거부할 수도 있습니다. 화해를 할 때는 나도 준비가 되어 있을 뿐만 아니라 상대방도 준비가 되어 있어야 합니다. 상대방에게 강요하지 않고 상대방의 상황과 반응을 고려하면서 조심스럽게 천천히 진행해야 합니다. 특히 직장 상사와 부하, 선생과 학생 등과 같이 평등한 관계가 아닐 경우에는 화해를 강요하지 않도록 더욱 조심해야 합니다.

상대방이 화해를 거부할 때는 그 이유를 자세히 살펴보고, 상대방이 원하는 것이 무엇인지를 파악하고, 상황에 맞게 적절하게 대처할 필요가 있습니다. 왜 희수는 화해를 거부할까요? 남편에 대한 분노와 배신감이 크기 때문일까요? 아직도 남편을 믿지 못해서일까요? 결혼에 대한 회의를 느껴서 이혼까지 생각하고 있는 것일까요?

요약하면 용서처럼 화해도 충분한 시간을 가지고 반드시 본인의 자발적인 선택에서 시작되어야 합니다. 주위 사람들이나 전문 상담가도 이러한 문제점을 충분히 인식하고 적당한 시기에 화해를 하나의 선택으로 제안할 수는 있지만 절대로 강요해서는 안 됩니다. 특히 폭력이 관련되어 있는 위험한 상황에서의 화해는 피해자의 안전을 보장하면서 매우 천천히 주의 깊게 이루어져야 합니다.

실습: 당신에게 적용하기

　이 장에서는 당신이 화해하기를 올바르게 실천하는 데 필요한 기초를 제공하고 있습니다. 화해하기를 제대로 이해하는 것이 화해의 길에서 가장 먼저 통과해야 하는 관문입니다. 이 장은 그 관문을 통과하는 열쇠이므로 충분히 이해하고 넘어갈 것을 권합니다.

　다음 질문에 대답하면서 당신이 화해하기를 잘 이해했는지 점검해 보십시오.

1. 화해하기란 무엇일까요?

----

2. 화해하기의 종류에는 어떤 것들이 있습니까?

----

3. 왜 화해하기가 필요할까요?

4. 화해하기의 문제점은 무엇입니까?

08 어떻게 화해할까

한쪽 잘못만 인정하고 화해로 미봉한다면
진정한 화해가 이루어지지 않는다.
서로가 잘못을 인정하고 그것을 반성하는 것이
가장 좋은 화해 방법이다.

－탈무드 잠언집 －

1. 화해하기 과정

화해하기의 작업에서 가장 중요한 것은 상처를 입은 피해자와 상처를 준 가해자가 함께 수행해야 한다는 것입니다. 이와 같은 공동작업의 과정을 그림으로 나타내면 다음과 같습니다.*

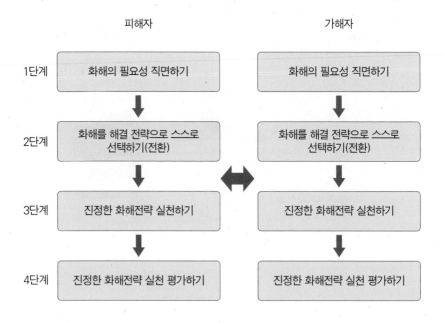

[그림 8-1] 화해하기의 과정

---

* 이 화해하기의 과정은 오영희(1995, 2006, 2015), Enright(2012, 2014), Worthington Jr.(2003, 2006) 등의 연구를 바탕으로 만들어졌습니다. 이 책에서는 일반 독자들의 편의를 위해서 자세한 인용은 생략하였습니다.

1) 1단계: 화해의 필요성 직면하기

다른 사람에게서 받은 깊은 상처는 상호 간의 신뢰를 파괴하고 관계를 파괴합니다. 화해는 바로 신뢰의 회복을 통해서 관계를 회복하는 것입니다. 화해의 첫 번째 단계는 화해의 필요성을 직면하는 것입니다. 즉, 상호 간의 신뢰가 깨지고 관계가 파괴된 결과가 당신과 상대방에게 어떤 부정적인 영향을 미치고 있는지를 명확하게 깨닫는 것이 필요합니다.

화해의 필요성을 직면할 때 주의해야 할 사항은 크게 두 가지입니다. 첫째 주의사항은 우리가 자아방어기제를 사용해서 화해의 필요성을 부정하거나 회피하는 것은 아닌지를 점검하는 것입니다.** 나도 모르게 화해의 필요성을 의식조차 하지 못하게 '억압'할 수도 있고, 화해해 봐야 나에게 이득이 없다는 핑계를 대면서 '합리화'할 수도 있고, 내가 아니라 상대방이 화해를 거부하는 것이라고 '투사'할 수도 있습니다.

둘째 주의사항은 화해에 대한 손익계산서를 작성하지 않는 것입니다. 손익계산서 작성이 잘못된 이유는 두 가지입니다. 첫째, 화해를 위해 노력하는 과정에서 우리는 값으로 따지기 어려운 소중한 것을 얻기 때문입니다. 진정한 화해를 위해 노력하면서 가장 먼저 나 자신이 치유되고 성장합니다. 인간에 대한 이해와 공감능력이 커지며, 자신의 잘못된 행동을 개선하고, 인간관계의 중요성을 더욱

** 화해의 불편함을 피하기 위해서 사용하는 자아방어기제에 대한 설명과 예는 〈부록 8-1〉에 제시되어 있습니다. 다소 전문적인 내용이므로 어려우면 그냥 넘어가도 됩니다.

깨닫게 되는 등의 큰 혜택을 보게 됩니다. 또 상대방도 유사한 방식으로 치유되고 성장합니다. 더 나아가서 갈등이 내재되었던 관계가 치유되고 성장합니다.

둘째, 진정한 용서처럼 진정한 화해는 사랑이라는 계산이 불가능한 도덕적 미덕에서 나오기 때문입니다. 진정한 화해는 상대방에 대한 배려와 사랑에서 나오는 것이기 때문에 화해에 바치는 노력에 비해서 내가 받는 혜택이 적다고 계산하는 것은 잘못된 것입니다.

앞서 제시한 자녀 교육문제로 갈등을 빚은 고부간의 화해 이야기를 봅시다. 며느리는 자신의 잘못을 반성하고, 개선하려 하고, 이번 갈등을 계기로 남편과 시어머니에 대해서도 새롭게 이해하게 됩니다. 시어머니도 며느리의 자녀교육에 대한 생각이 자신과 다르다는 것을 이해하게 되고, 며느리가 자신을 위해 주는 것도 알게 되며, 먼저 화해의 손을 내민 며느리가 고맙기도 할 것입니다. 두 사람이 모두 긍정적인 방향으로 변화됨으로써 당연히 화해 뒤에는 고부관계가 이전보다 더 좋아지는 것입니다. 이런 변화를 어떻게 손익계산서로 작성할 수 있겠습니까?

◆ 선희의 화해의 필요성 직면하기

수능 결과가 나쁘게 나와서 엄마에게서 험한 말을 듣고 매까지 맞은 선희는 그 후로 엄마와의 사이가 아주 나빠졌습니다. 지난 2년 동안 선희와 엄마는 만나기만 하면 싸우면서 서로에게 상처를 주고받았습니다.

엄마와의 심한 갈등은 선희에게 여러 가지 나쁜 영향을 미쳤습니다. 집이 편안하지 않으니까 항상 마음이 불안했습니다. 성격도 예민해져서 대학교에 와서는 친구를 사귀기도 힘들었습니다. 엄마가 자꾸 자신을 무시하고 간섭하니까 자기 자신에 대한 자신감도 많이 없어지고 미래에 대한 계획을 세우기도 어려웠습니다.

그러다가 선희는 학교에서 실시하는 부모 용서하기 프로그램에 참여하게 되었고, 어느 정도 엄마를 용서하게 되면서 마음이 한결 편안해졌습니다. 그러자 선희는 한 걸음 더 나아가서 엄마와 화해하고 싶은 마음이 생겨났습니다.

◆ **희수의 화해의 필요성 직면하기**

희수는 친구가 가져다준 '용서하기 프로그램 안내서'를 보고 나서 용서하기의 과정을 수행해 보았습니다. 처음에는 잘 되지 않았지만 본인과 아이들을 위해서 상처에서 치유되는 것이 필요하다고 생각해서 여러 번 용서의 과정을 반복하다 보니 남편을 어느 정도 용서하게 되었습니다. 사실 희수가 용서하게 된 데는 남편이 적극적으로 진심을 다해서 용서를 구한 것이 큰 도움이 되었습니다.

희수가 어느 정도 상처에서 회복되고 정신을 차리게 되니까 그동안 보이지 않았던 것들이 보이기 시작했습니다. 남편과의 관계 악화가 가져온 영향이 여기 저기 나쁜 흔적을 남기고 있었습니다. 가장 큰 것은 아이들에게 미친 영향이었습니다. 아이들이 위축되고 불안해하는 모습을 보는 것은 너무 가슴이 아팠습니다. 어느 날 큰아이는 이혼할 거냐고 묻기까지 했습니다.

희수는 이미 용서하기의 작업을 거쳐서 남편을 어느 정도 용서하게 되었습니다. 그래서 이제는 남편과 의논해서 함께 화해의 작업을 시도해 보기로 했습니다.

2) 2단계: 화해를 해결 전략으로 스스로 선택하기(전환)

앞서 제시한 화해의 문제점에서 살펴보았듯이 나 스스로 자발적으로 화해를 선택하는 것이 매우 중요합니다. 화해의 필요성을 부정하고 회피하는 것은 나와 상대방과 우리 관계에 좋지 않은 영향을 미치기 때문에 내가 먼저 화해를 시도해 보기로 크게 마음을 전환해야 합니다.

화해를 위해 노력해 볼 결심이 섰습니까? 당신이 화해 전략을 스스로 선택했다면 그것을 말과 행동을 통해 표현하는 것이 좋습니다. 화해를 시도해 볼 것을 결심하는 서약서를 작성하는 것도 좋은 방법입니다.

◈ 선희의 전환하기

선희는 엄마와 화해할 필요성을 느끼고 서약서를 작성했습니다.

활동지 8-1: 화해 시도 결심 서약서(선희)

나는 상처 때문에 불편한 관계가 되어 버린 (엄마   )와 화해를 시도할 것을 결심합니다.

그리고 다음을 약속합니다.

1. 그 사람에 대한 원한, 분노, 죄책감, 수치심을 갖지 않도록 노력하겠습니다.
2. 겸손한 마음으로 그 사람에게 먼저 다가가겠습니다.
3. 그 사람을 이해하고 공감하려고 노력하겠습니다.
4. 그 사람과 대화하려고 노력하겠습니다.
5. 상호 신뢰를 쌓기 위해서 노력하겠습니다.

이름: 박 선 희   날짜: 2014년 12월 20일

◆ 희수의 전환하기

희수도 자신이 결심한 화해 시도를 굳건하게 만들기 위해서 서약서를 작성했습니다.

3) 3단계: 진정한 화해전략 실천하기

[그림 8-2]에서 보는 것처럼 진정한 화해하기 전략에는 네 가지가 있습니다. 독자들의 이해를 돕기 위해서 각 전략을 자세히 설명하고 사례도 제시하였습니다. 꼼꼼히 읽어 보시고 화해를 할 때 최대한 실천하도록 노력해 보십시오.

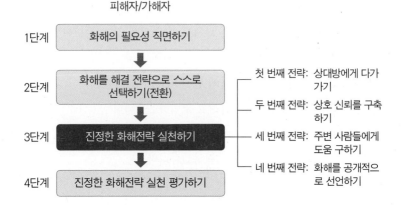

피해자/가해자

1단계	화해의 필요성 직면하기
2단계	화해를 해결 전략으로 스스로 선택하기(전환)
3단계	진정한 화해전략 실천하기
4단계	진정한 화해전략 실천 평가하기

첫 번째 전략: 상대방에게 다가 가기

두 번째 전략: 상호 신뢰를 구축 하기

세 번째 전략: 주변 사람들에게 도움 구하기

네 번째 전략: 화해를 공개적으 로 선언하기

[그림 8-2] 진정한 화해전략 실천하기

(1) 첫 번째 전략: 상대방에게 다가가기

■ 겸손하기

화해를 하기 위해서는 내가 먼저 상대방에게 다가서야 합니다. 그러기 위해서 가장 필요한 것은 겸손입니다. 용서하거나 용서를 구할 때 크게 방해가 되는 것은 자존심입니다. 상처를 받고도 용서를 해 주면 상대방이 나를 쉽게 보거나 무시할까 봐 용서하기가 어렵다고 합니다. 특히 용서를 구하는 경우에는 자존심이 더 문제가 됩니다. 내가 잘못했는데도 그것을 인정하기 싫은 자존심 때문에 용서를 구하기가 어렵습니다. 그래서 잘못을 부정하거나 여러 가지 핑계를 대면서 용서구하는 것을 미룹니다.

그러나 이때의 자존심은 나를 존중하는 마음이 아니라 자기비하 또는 교만이라고 볼 수 있습니다. 내가 자신이 없기 때문에 또는 정반대로 자신을 지나치게 과대평가해서 용서를 망설이는 것입니다. 진정한 자존심은 용서를 방해하는 것이 아니라 오히려 용서를 가능하게 해 줍니다. 진정한 용서를 하는 사람들은 자기를 존중하면서 다른 사람도 존중하며, 용서를 할 용기와 정신적인 힘을 가지고 있습니다.

화해의 경우도 쓸데없는 자존심이 훼방을 놓아서 먼저 화해의 손을 내밀기가 쑥스럽고 망설여집니다. 이때 필요한 것은 겸손입니다. 내가 먼저 낮은 자세로 부드럽게 상대방에게 다가서야 합니다. 우리 속담에 '웃는 얼굴에 침 뱉으랴.' '가는 말이 고와야 오는 말이 곱다.'라는 말이 있습니다. 내가 먼저 겸손하게 다가가면 상대방도 마음의 문을 열게 되어 있습니다.

■ 공감하기

공감은 상대방을 깊이 이해하게 될 때 생기는 감정으로, 상대방의 입장이 되어서 상대방처럼 느끼는 것입니다. 상대방이 화날 때 나도 화가 나고, 상대방이 행복할 때 나도 행복한 것이 바로 공감입니다. 공감은 상대방으로 하여금 이해받는다는 느낌이 들게 합니다. 그렇게 되면 상대방이 화해를 위한 마음의 문을 열게 됩니다.

■ 대화하기

우리는 '이심전심'이라는 표현을 많이 씁니다. 마음으로 통하기 때문에 굳이 표현할 필요가 없다는 것입니다. 그러나 앞에서도 말했지만 이심전심은 오랜 수행으로 깨달음을 얻은 부처님과 수제자인 가섭 사이에서만 가능한 것입니다. 보통 사람들은 말과 행동으로 자신의 마음을 표현해야 합니다. 특히 상대방과 효과적으로 대화하는 것이 필요합니다. 단, 화해를 위한 대화를 할 때는 겸손하고 부드럽게 상대방과 공감하려고 노력하면서 너무 앞서가지 말고 상대방과 진도를 맞추면서 조심스럽게 해야 합니다.

효과적인 대화를 위해서는 적극적 경청(반영적 경청)과 나 전달법을 사용하면 좋습니다.* 적극적 경청은 상대방이 한 말이나 행동에 담긴 것 중에서 가장 중요한 것을 반영해 주는 것으로서 반영적 경청이라고도 합니다. 예를 들어, 엄마에게 대든 딸이 "내가 먼저 연락을 해야 하는데 엄마가 화를 내면 어쩌나 해서 망설였어."라고 말하면, 엄마가 "먼저 연락하기가 힘들었구나."라고 반영해 주는 것입니다. 이렇게 되면 상대방은 이해받고 공감받는다는 느낌을 받게 되어 대화가 더욱 잘 풀려 나갑니다.

나 전달법은 나의 생각이나 감정을 나의 입장에서 구체적으로 표현하는 방법입니다. 나 전달법을 사용해서 긍정적인 표현을 많이 하는 것은 관계를 부드럽게 만들어 줍니다. 특히 나 전달법은 문제가 발생했을 때 상대방을 비난하지 않으면서 나 자신의 어려움을 표현하는 것이어서 상대방이 방어적 자세를 취하지 않게 하고, 문제를 해결할 마음이 생기게 합니다.

---

* 효과적인 대화를 위해 필요한 적극적 경청과 나 전달법은 연습을 하면 더 잘 사용할 수 있습니다. 『부모 역할 배워지는 것인가』라는 고든 박사의 책을 참고하면 도움이 될 것입니다(Gordon & Gordon, 1976, 1997).

● **나 전달법의 세 가지 구성 요소:**

상대방의 구체적인 행동 + 나에게 미치는 구체적 영향 + 나의 감정

[그림 8-3] 나 전달법의 세 가지 구성 요소

[그림 8-3]은 나 전달법의 세 가지 구성 요소를 보여 줍니다. 먼저 상대방의 행동을 구체적으로 말하고, 다음에는 그것이 나에게 어떤 영향을 미치고 있는지를 말하고 나서, 나의 감정을 말합니다. 이때 상대방의 행동과 나에게 미치는 영향을 최대한 구체적으로 말할 수록 상대방이 이해하고 공감하기 쉽습니다. 나 전달법의 예를 들어 봅시다. "네가 여러 번 약속시간에 늦으니까(상대방의 구체적인 행동), 네게 무슨 일이 생겼는지 또는 내가 약속시간을 잘못 알았는지 걱정도 되고 시간도 낭비가 돼서(나에게 미치는 구체적 영향) 내가 화가 많이 나(나의 감정)."

대화를 하게 되면 두 사람의 신뢰와 관계를 깨지게 만든 상처에 대한 피해자의 지적과 가해자의 해명이 필연적으로 나타나게 됩니다. 힘들지만 꼭 직면해야 할 상황입니다. 그러나 피해자는 상처에 대해 지적할 때 최대한 부드럽게 할 필요가 있습니다. 특히 이때 앞에서 말한 나 전달법을 사용하면 효과적입니다. 예를 들어, 엄마가 나를 무시해서 화가 난 경우에 엄마를 비난하는 대신에 엄마의 잘못된 행동을 구체적으로 언급하면서 나에게 미치는 영향을 자세히 말하는 것입니다. "오늘 아침에 엄마가 '이러다 네가 대학이나 제대

로 졸업하겠냐?'라고 말을 하니까(상대방의 구체적인 행동) 나를 완전히 무시하는 것 같아서(나에게 미치는 구체적 영향) 너무 기분이 나빴어요(나의 감정)."

가해자가 피해자의 상처에 대해서 해명을 해야 할 때 조심해야 할 것은 상처 준 것을 부인하거나 변명하지 말고, 잘못을 인정하며 고백하는 것입니다. 그리고 혹시라도 정상을 참작할 만한 사정이 있으면 나중에 이야기하는 것이 좋습니다. "어제 못 본 척하고 그냥 지나쳐서 미안해. 다시는 안 그럴게." 긴 변명보다는 간단한 이 두 마디가 상처를 치유하는 데 더욱 효과적입니다.

◆ 선희의 상대방에게 다가가기

선희는 엄마의 삶에 대한 이야기를 작성하면서 엄마가 자신을 많이 예뻐했고, 너무 기대가 크다 보니 실망도 커서 본의 아니게 그렇게 상처를 주게 된 것을 알게 되었습니다. 엄마가 미안하다고 사과하면서 용서를 구하자 선희는 엄마와 화해작업을 하고 관계를 회복하고 싶었습니다. 그래서 쓸데없는 자존심을 버리고 먼저 엄마에게 다가가기로 했습니다.

선희는 엄마와 대화하려고 노력했고, 화해 프로그램 안내서에 나온 두 가지 대화법을 활용했습니다. 엄마가 말을 할 때는 적극적 경청을 이용해서 이야기를 들어 주고, 내가 말을 할 때는 나 전달법을 이용하는 것입니다.

다음은 선희가 수능 직후에 상처 받은 것에 대해서 최근에 엄마와 나눈 대화의 내용입니다.

엄마: 지난번에도 말했지만 나는 네가 그렇게 크게 상처 받은지 몰랐어.

선희: 그래서 많이 당황하셨어요?(적극적 반영)

엄마: 응. 왜 그렇게 큰 상처가 되었는지 자세히 말해 줄래?

선희: 엄마가 수능 점수가 나쁘게 나왔다고 며칠 동안 나를 혼내고 때리기까지 했잖아요(엄마의 구체적 행동). 안 그래도 제일 힘든 사람은 나인데 엄마가 그것도 몰라줘서 섭섭했고요. 말로 해도 될 것을 때리기까지 하니까 너무 자존심이 상하고 창피했어요(나에게 미친 구체적 영향). 그래서 화가 많이 났어요(나의 감정).

엄마: 나에게 그렇다고 얘기하지. 네가 나에게 말도 안하고 피하기만 하니까 답답하고 힘들었어.

선희: 내 행동이 엄마를 많이 아프게 했네요(적극적 반영). 죄송해요. 그런데 내 일은 내가 알아서 하는데 엄마가 나만 보면 간섭을 하려고 하시니까(엄마의 구체적인 행동) 엄마가 나를 못 믿고 무시하는 것 같아서(나에게 미치는 구체적 영향) 짜증이 나요(나의 감정).

엄마: 그렇구나! 네가 많이 속상하였구나(적극적 반영).

(2) 두 번째 전략: 상호 신뢰를 구축하기

화해의 핵심은 무너진 신뢰를 회복하는 것입니다. 따라서 상호 신뢰를 구축하기 위한 다양한 활동들이 필요합니다. 워딩톤 박사는 화해를 하는 과정에서 사랑과 상호 신뢰를 쌓기 위해서는 다음의 세 가지 방법이 필요하다고 했습니다.

■ **상대방이 좋아하는 것과 싫어하는 것 알아내기**

사람에 따라서 좋아하는 것과 싫어하는 것이 다릅니다. 다음은 한 신혼부부의 사례입니다.

> 신혼인 진아와 경호는 자주 다툽니다. 진아는 사랑을 표현하는 것을 좋아합니다. 그래서 남편이 말이나 행동으로 자주 사랑을 표현해 줄 것을 원합니다. 그러나 경호는 마음만 있으면 되지 그걸 쑥스럽게 표현해야 하냐며 계속 진아의 요구를 무시했습니다. 진아의 생일날 결국 진아는 폭발해 버렸습니다. 남편이 생일을 챙겨 줄 것이라고 기대했는데 아무런 연락도 없이 밤늦게 집에 들어왔습니다. 물론 선물도 없었습니다.
>
> 그런데 경호는 진아의 분노 폭발을 이해할 수가 없었습니다. 회사일로 늦은 것이고 지금까지 자신의 생일을 챙겨 본 적도 거의 없고, 또 사랑하는 마음만 있으면 되지 왜 선물을 해야 하는지를 잘 몰랐기 때문입니다. 그 후 진아와 경호는 서로 상처를 받고서 오랫동안 냉전 중입니다.

모든 관계에서 필요하지만 특히 상처로 파괴된 관계에서 상호 신뢰를 구축하기 위해서는 상대방이 좋아하는 것과 싫어하는 것을 정확하게 알아내는 것이 필요합니다. 상처가 생겨난 이유는 대부분 상대방이 좋아하는 행동을 해 주지 않거나 또는 싫어하는 행동을 하기 때문입니다.

인간관계의 황금률은 '내가 바라는 그대로 상대방에게 해 주어라.'입니다. 그런데 여기서 조심해야 할 것이 있습니다. 내가 원하는 것과 상대방이 원하는 것은 다르다는 것입니다. 앞에서 말했듯이 진아는 애정표현 하는 것을 좋아하지만 경호는 불편해 합니다. 이 경우에 진아가 본인이 애정표현 하는 것을 좋아한다고 해서 남들 보는 앞에서 애정표현을 많이 하게 되면 경호는 매우 불편해할 것입니다.

그래서 보다 성숙한 황금률은 '상대방이 원하는 대로 상대방에게 해 주어라.'입니다. 진아는 경호가 애정표현 하는 것을 싫어한다면 그것을 자제해야 합니다. 그리고 경호는 진아가 애정표현을 원한다면 애정표현을 하도록 노력해야 합니다. 그러다 보면 두 사람의 차이가 점점 가까워질 시기가 올 것입니다. 경호가 애정표현의 좋은 점을 알게 되어 변할 수도 있고, 비록 집밖에서는 못하지만 집안에서만이라도 서로 애정표현을 하도록 타협을 볼 수도 있을 것입니다.

■ 부정적 상호작용 줄이기

한 심리학자는 좋은 관계를 위해서는 긍정적 상호작용과 부정적 상호작용의 비율이 최소한 5 : 1이 넘어야 한다고 봅니다. 그런데 이 바람직한 비율에 가까이 가기 위해서는 가장 먼저 부정적 상호작용의 비율을 줄이는 것이 필요합니다. 부정적 상호작용이 한 개 더 늘수록 그것을 보상해 주는 긍정적 상호작용은 다섯 개 이상이 되어야 하기 때문입니다.

부정적 상호작용 중에서도 특히 상대방에게 상처가 되거나 상대방이 싫어하는 것은 최대한 하지 않아야 합니다. 예를 들어, 화를 내는 것, 말을 하지 않는 것, 상대방을 비난하거나 무시하는 행동은 하지 말아야 합니다.

어떤 남편은 아내를 '찐빵'이라고 불렀습니다. 그 남편은 아내의 얼굴이 둥글고 귀여워서 애칭으로 부른 것이었지만 아내는 특히 다른 사람들 앞에서 그런 말을 듣는 것이 너무 싫었습니다. 여러 번 남편에게 그렇게 부르지 말라고 얘기했지만 남편은 자신에게 문제가 되지 않았기 때문에 아내의 호소를 무시했습니다. 그 결과 아내는 아주 큰 상처를 받게 되었습니다.

이 사례에서 알 수 있는 것처럼 내가 아닌 상대방의 입장이 되어 이해하고 공감해서 상대방이 싫어하는 것을 최대한 하지 않으면서 부정적인 상호작용을 줄이는 것이 필요합니다. 상대방이 싫어하는 것을 인정하고, 내가 이해가 안 되면 상대방에게 왜 싫어하는지를 물어보고, 심지어 내가 이해하지 못해도 상대방이 싫어한다면 하지 않아야 합니다.

가장 성숙한 인간관계는 상대방의 단점과 한계에도 불구하고 있는 그대로의 상대방을 수용하는 것입니다.

■ 긍정적 상호작용 늘리기

부정적 상호작용을 줄이는 것은 별로 눈에 띄지 않을 수도 있습니다. 내가 화를 참고 잔소리를 하지 않고 얼굴을 찡그리지 않으면서 부정적인 상호작용을 줄이려 노력하지만 상대방이 알아차리지 못할 수도 있습니다. 그러나 상대방이 좋아하는 긍정적인 행동을 하면 그 노력은 상대방의 눈에 빨리 띕니다. 예를 들어, 상대방이 어떤 음식을 좋아한다면 집에서 그 음식을 만들어 줘 보십시오. 그러면 효과는 만점입니다.

가장 효과적인 긍정적 상호작용은 칭찬입니다. '칭찬은 고래도 춤추게 한다.' '가는 말이 고와야 오는 말이 곱다.'는 말이 있습니다. 오늘 당장 상대방을 칭찬하는 일부터 시작해 보십시오. 기대 밖의 효과가 있을 것입니다. 단, 칭찬을 하는 데도 전략이 필요합니다. 입에 발린 칭찬이나 건성으로 하는 상투적인 칭찬은 별로 효과가 없습니다. 아내가 머리를 자른 지 1주일이 지난 후에야 아내에게 머리를 자르니 예쁘다고 칭찬한다면 오히려 아내는 화를 낼 것입니다. 특히 상대방을 통제하기 위해서 내 마음에 드는 행동만 의도적으로 칭찬을 하는 것은 좋지 않습니다. 칭찬을 하려면 상대방을 세밀하게 살피고 나서 상대방의 장점이나 긍정적인 변화에 대해서 구체적으로 칭찬을 해 주면 좋습니다.

선물하기도 효과적인 긍정적 상호작용입니다. 앞에서도 말했지만 선물이라고 해서 큰 것을 생각할 필요는 없습니다. 상황에 따라서 작은 것(상대방을 보고 웃어 주기, 전화하기, 집안일 하기, 음식 만들어 주기, 맛있는 것 사다 놓기 등등)부터 시작하면 됩니다.

◈ 희수의 상호 신뢰를 구축하기

희수는 남편의 삶에 대한 이야기를 작성하면서 15년 동안 함께 살아온 남편이지만 자신이 모르는 점이 많았다는 것을 알게 되었습니다. 그래서 화해 프로그램에서 제안하는 상호 신뢰를 구축하기 위한 방법을 찾기 위해서 남편과 의논했습니다.

다음은 희수 부부가 함께 작성한 것입니다.

활동지 8-2: 상호신뢰를 구축하기(희수 부부)

1. 상대방이 내게 해 주면 좋은 것은 무엇입니까?

(1) (희수)

　① 나를 인정하고 칭찬해 주기

　② 아이들에게 좋은 아빠가 되어 주기

　③ 책을 선물해 주기

(2) (현우)

　① 칭찬해 주기

　② 산에 함께 가기

　③ 맛있는 음식 만들어 주기

2. 상대방에게서 싫은 것은 무엇입니까?

(1) (희수)

　① 불편한 모임에 가자고 하는 것

　② 아이들 교육에 간섭하는 것

　③ 나를 무시하는 것

---

(2) (현우)

① 나에게 무관심한 것

② 아이들에게 지나치게 집착하는 것

③ 다른 사람과 나를 비교하는 것

3. 상대방과의 부정적 상호작용을 줄이기 위해서는 어떻게 해야 합니까?

- 상대방이 싫어하는 것을 하지 않도록 조심하기

- 특히 상대방을 무시하고 비난하지 않기

- 아이들 교육은 희수가 알아서 하되, 현우가 다른 생각이 있을 때는 함께 의논하기

- 희수가 불편한 모임을 싫어하므로 부부동반 모임이 있을 때는 반드시 사전에 희수의 의견을 물어보기

4. 상대방과의 긍정적 상호작용을 늘리기 위해서는 어떻게 해야 합니까?

- 상대방이 좋아하는 것을 많이 해 주기

- 서로에게 칭찬을 많이 해 주기

- 서로에게 수시로 작은 선물하기

- 가끔 가족이 함께 서울에 있는 둘레길을 걷고, 맛있는 것도 먹기

먼저 희수 부부는 상대방이 좋아하는 것과 싫어하는 것을 알아보기 위해서 솔직하게 서로가 상대방이 해 주면 좋은 것과 싫은 것을 세 가지씩 적어 보았습니다.

그러고 나서 희수 부부는 부정적 상호작용을 줄이기 위해서 상

대방이 싫어하는 것은 최대한 하지 않기로 했습니다. 희수는 남편에게 관심을 가져 주고, 다른 사람들과 비교하는 것을 하지 않기로 했습니다. 또 예전에는 다 큰 남자가 아이같이 사랑과 칭찬에 목매단다고 현우를 비꼬는 경우가 많았는데 이제는 그러지 않기로 했습니다.

현우는 희수가 싫어하는 것은 하지 않겠다고 약속했습니다. 불편한 모임을 싫어하는 희수를 위해서 부부동반 모임이 있으면 희수의 의사를 먼저 물어보고 참여 여부를 결정하겠다고 했습니다. 그리고 아이들의 일에 대해서 희수가 알아서 하되, 현우가 다른 의견이 있을 때는 서로 화를 내지 말고 객관적으로 판단하도록 노력해 보자고 했습니다. 마지막으로 현우는 희수가 어떤 경우에 무시당한다고 생각했는지 구체적으로 물어보고 다음부터는 그런 행동을 하지 않겠다고 약속했습니다. 그리고 혹시라도 앞으로 무시당한다는 느낌이 들면 분명하게 이야기해 달라고 했습니다.

그 다음으로 희수 부부는 긍정적 상호작용을 늘리기 위해서 서로가 좋아하는 일을 많이 하기로 했습니다. 두 사람이 공통적으로 칭찬해 주는 것을 좋아하므로 앞으로는 작은 것부터 인정해 주고 칭찬을 아끼지 않기로 했습니다. 희수는 혼자서 책을 읽고 글을 쓰는 것을 좋아하므로 그런 시간을 가질 수 있도록 현우가 배려하기로 했습니다.

현우는 산에 가는 것을 좋아합니다. 희수는 앞으로 건강을 위해서 가끔은 남편과 함께 산에 가기로 했습니다. 단, 힘든 산행을 싫어하는 희수를 위해 현우가 평탄한 서울의 둘레길을 알아보기로 했습니

다. 또 아이들에게 마음의 안정을 찾아 주기 위해서 당분간은 온 가
족이 함께 둘레길을 걷고, 주변에 있는 맛있는 식당도 찾아가 보기
로 했습니다.

희수 부부는 또 상대방에게 줄 수 있는 선물 목록을 작성하고, 편
안하게 줄 수 있는 선물부터 시작해 보기로 했습니다.

(3) 세 번째 전략: 주변 사람들에게 도움 구하기

우리는 사람들 속에서 살아가면서 많은 관계를 맺고 있습니다. 갈
등이나 상처가 생겨나면 직접 관련된 사람들의 관계뿐만 아니라 간
접적으로 연결된 사람들의 관계에도 문제가 생겨납니다. 예를 들어,
남편이 외도하는 경우 부부뿐만 아니라 자녀, 친정 식구, 시집 식구,
친구 등의 관계에 문제가 생겨납니다. 따라서 화해를 할 때 주변 사
람들에게 도움을 구하는 것은 나에게도 도움이 되지만 주변 사람들
에게도 도움이 됩니다. 선희의 경우에 엄마와 화해하면서 엄마와의
관계가 많이 좋아졌을 뿐만 아니라 다른 가족과의 관계도 좋아졌습
니다.

사람들은 화해의 여러 과정에서 도움을 줄 수 있습니다. 예를 들
어, 마음을 터놓을 수 있는 친구나 가족에게 이야기하는 것은 화해
의 필요성을 올바르게 직면하는 데 도움을 줍니다. 또한 과거에 사
용해 오던 회피 전략이 비효과적임을 깨닫게 해 주고, 화해를 해결
전략으로 선택하는 데도 도움을 줍니다. 더 나아가서 주변 사람들을
통해서 자신이 혼자가 아니고 사랑받는 존재임을 깨닫는 것은 내게
안전감을 주고 다양한 화해 전략을 실천하는 용기와 힘을 줍니다.

그러나 여기서 주의할 점은 주변 사람들이 화해를 강요해서는 안 된다는 것입니다. 바람직한 해결 방법으로 화해를 제안할 수는 있지만 당사자가 스스로 선택할 때까지 기다려 주는 것이 필요합니다. 엄마와 갈등을 빚고 있는 선희는 아빠의 도움을 많이 받고 있습니다. 그런데 중재역할을 하고 있는 아빠가 조심해야 할 것은 화해를 강요하지 않는 것입니다. 아빠가 섣부르게 화해를 강요하면 선희가 화해를 거부하거나 마지못해 화해하더라도 마음속에서 승복하지 못하기 때문에 나중에 문제가 생길 가능성이 큽니다.

(4) 네 번째 전략: 화해를 공개적으로 선언하기

당신이 상대방과 화해하려고 노력하고 있는데, 상대방이 당신을 무시하고 쌀쌀하게 대하니까 기분이 나빠져서 화해하고 싶은 마음이 사라져 버린 적은 없습니까? 더 나아가서 왜 힘들게 화해해야 하는지에 대한 회의가 생긴 적은 없습니까?

화해하기는 피해자와 가해자 모두가 참여하는 과정이기 때문에 용서하기보다 훨씬 더 어렵고 복잡합니다. 그러나 '1보 후퇴 2보 전진'이란 말이 있듯이 화해는 전진과 후퇴를 반복하면서 조금씩 조금씩 앞으로 나아가게 됩니다. 이때 화해하기 위해 노력한다는 것을 내 마음속에만 간직하지 말고 공개적으로 말과 행동으로 표현하면 화해하기에 대한 회의나 후퇴가 생기는 것을 어느 정도 막을 수 있습니다.

사실 이 전략은 상당히 부끄럽고 쑥스럽게 느껴질 수도 있습니다. '왜 굳이 밖으로 표현해야 하나? 상대방이 내 의도를 모르고 잘난

척 한다고 반감을 가질 수도 있지 않을까?'하는 부정적인 생각이 들 수도 있습니다. 그럼에도 불구하고 화해하기를 공개적으로 선언하는 것은 힘들고 먼 화해의 길을 꾸준히 걸어가게 하는 데 필요합니다. 또 주변 사람들의 도움이 화해를 촉진시켜 줄 수도 있습니다. 예를 들어, 주변 사람들이 화해의 기회를 마련해 줄 수도 있을 것입니다.

화해하기를 공개적으로 선언하는 방법에는 어떤 것이 있을까요? 먼저 화해하기를 글로 쓰는 것을 추천합니다. 편지나 일기를 쓰는 것도 좋고 화해하기 증서를 만드는 것도 좋습니다. 그러고 나서 그 것을 가끔씩 들여다보면서 스스로에게 화해를 위해 노력하고 있다 는 것을 각인시키면 도움이 될 것입니다.

두 번째 방법은 가까운 사람들에게 자신이 화해하기 위해서 노력 하고 있다는 것을 말하는 것입니다. 그러나 이때 조심할 것은 내가 도덕적인 사람이라는 것을 보여 주기 위해서, 또는 나는 화해하기 를 원하는데 상대방이 받아 주지 않아서 문제가 된다는 것을 보여 주기 위해서가 아니라 화해를 위한 나의 노력을 지속시키는 데 도 움을 받기 위해서 주변 사람들에게 알리는 것임을 명확하게 하는 것입니다. 화해하기 증서를 작성하면서 보증인을 참여시키는 것도 일석이조의 좋은 방법입니다.

◈ 선희의 공개적으로 선언하기

사실 선희는 요즘도 가끔 엄마와 부딪힙니다. 그때마다 선희는 과 연 엄마와 화해하는 것이 가능한지에 대한 의문이 생깁니다. 그러 나 한 가지 분명한 것은 엄마와의 관계가 조금씩 좋아지고 있다는 것입니다. 그래서 선희는 자신의 화해 의도를 굳건하게 하기 위해서 화해하기 증서를 작성했습니다. 그리고 아예 엄마를 보증인으로 세웠습니다.

엄마는 선희의 설명을 듣고 화해하기 증서의 보증인 칸에 서명을 하면서 이렇게까지 딸이 노력해 주는 것이 고맙다고 말했습니다. 그리고 냉장고 앞에 붙여 놓고 함께 노력해 보자고 말했습니다.

다음은 선희가 작성한 화해하기 증서입니다.

활동지 8-3: 화해하기 증서(선희)

나는 불편한 관계가 되어 버린 (　　　엄마　　　)와 화해하려고 합니다.

그리고 다음을 약속합니다.

1. 그 사람과 대화하도록 노력하겠습니다.
2. 그 사람을 이해하고, 공감하려고 노력하겠습니다.
3. 그 사람이 좋아하는 것은 하고, 싫어하는 것은 하지 않겠습니다.
4. 그 사람을 신뢰하도록 노력하겠습니다.

이름: 박선희　　　　　　　　날짜: 2014년 12월 28일

보증인: 김정애(엄마)　　　　날짜: 2014년 12월 28일

4) 4단계: 진정한 화해전략 실천 평가하기

지금까지 네 가지의 진정한 화해하기 실행 전략에 대해서 살펴보았습니다. 모든 전략을 수행하고 난 뒤에는 각 전략을 얼마나 잘 실천했는지를 점검해 보아야 합니다. 이를 위해서 〈부록 8-2〉에 '진정한 화해전략 실천 점검표'를 제시하였습니다. 점검표를 작성하여 만약에 3점 이상으로 실천하지 못한 전략이 있으면 그 전략을 다시 한 번 수행하는 것이 필요합니다.

◈ 선희의 화해전략 실천 평가하기

선희는 〈부록 8-2〉에 제시된 '진정한 화해전략 실천 점검표'를 작성해 보았습니다(p. 317). 모든 전략에서 3점 이상을 받기는 했지만 선희는 두 가지가 부족하다는 것을 느꼈습니다. 아직도 엄마에게 자신의 생각을 편하게 말하는 것이 힘들고, 엄마와 긍정적 상호작용을 하는 것이 어려웠습니다. 그래서 나 전달법을 더 연습해 보기로 했습니다. 그리고 엄마가 자신에게 해 주기를 바라는 것을 더 적극적으로 실천해 보기로 했습니다.

◈ 희수의 화해전략 실천 평가하기

희수도 〈부록 8-2〉에 제시된 '진정한 화해전략 실천 점검표'를 작성해 보았습니다(p. 317). 희수는 '상대방에게 다가가기'와 '상호 신뢰를 구축하기'에서 2점을 받았습니다. 남편과의 관계에서 자신이 어떻게 하고 있는지를 자세히 살펴보니 희수는 아직도 남편에게 먼저 다가가서 대화를 하는 것이 많이 힘들었습니다. 그리고 남편과 긍정적 상호작용을 하는 것이 여전히 불편했습니다.

그러나 희수는 남편과 화해하기로 결심했고, 남편도 많이 노력하고 있는 만큼 자신도 좀 더 노력해 보기로 했습니다. 일단 적극적 경청을 이용해서 남편의 이야기를 잘 들어 주는 것부터 시작하기로 했습니다. 그리고 남편이 인정받고 칭찬받는 것을 좋아하므로 어색하기는 하지만 작은 것부터 남편을 인정하고 칭찬해 주기로 했습니다. 또 남편에게 줄 수 있는 작은 선물들을 찾아서 해 주기로 했습니다.

2. 화해하기 결과 평가

당신은 화해하기 과정을 잘 거쳐 왔습니까? 화해는 상대방과의 상호작용을 통해서 이루어지는 것이기 때문에 중간중간에 방해물도 있고, 시간도 오래 걸릴 것입니다. 그러니 너무 서두르지 말고, 특히 상대방과 화해 작업의 속도를 맞추면서 천천히 진행하는 것이 좋습니다.

화해하기 과정을 거친 뒤에 당신이 얼마나 화해하고 있는지 궁금한가요? 용서처럼 화해의 결과도 두 가지 방법으로 평가하는 것이 좋습니다. 첫째 방법은 〈부록 8-3〉의 '화해하기 결과 평가표'를 작성한 후 화해하기 점수를 구하는 것입니다. 둘째 방법은 화해하기의 과정을 거치면서 느낀 것을 중요한 항목을 중심으로 요약해 보는 것입니다.

1) 화해하기 결과 평가표 작성하기

화해하기 작업을 하고 나서 상대방과 얼마나 화해하고 있는지를 객관적으로 알아보기 위해서 〈부록 8-3〉의 '화해하기 결과 평가표'를 이용해서 화해 점수를 구해 보십시오.

화해 점수가 10점 이하이면 아직도 화해 수준이 낮은 것으로, 아직도 상처가 당신들의 관계에 부정적인 영향을 미치고 있습니다. 잠시 쉬었다가 다시 한 번 동일한 상처를 대상으로 화해하기의 과정을 따라가 보도록 하십시오.

화해 점수가 11~19점이면 보통 수준으로, 두 가지 방향을 선택할 수 있습니다. 첫 번째는 이번 화해하기 대상에 대해서 다시 한 번 화해하기 작업을 함으로써 당신의 화해하기를 심화시키는 것입니다. 두 번째는 다른 화해하기 대상으로 넘어가는 것입니다.

화해 점수가 20점 이상이면 높은 수준으로, 당신의 화해하기 작업은 성공한 것입니다. 그러나 여기서 멈추지 말고 잠시 휴식을 취했다가 시간이 나는 대로 다른 대상을 선택해서 화해하기 작업을 반복해 볼 것을 권합니다. 화해하기를 계속 연습하면서 당신은 화해를 잘하는 사람이 될 것이고, 사람들에 대한 신뢰가 커지면서 다른 대인관계도 많이 향상될 것입니다.

◆ **선희의 화해하기 점수**

선희는 '화해하기 결과 평가표'에서 20점을 받아서 높은 수준에 있는 것으로 나타났습니다. 선희는 몇 달 전만 해도 너무나 불편했던 엄마와의 관계가 이렇게 좋아질 줄은 상상도 못했습니다. 엄마와의 관계가 좋아졌을 뿐 아니라 남동생과의 관계도 좋아졌습니다. 이제는 가족 모두가 서로의 마음의 문을 열고 있는 것이 느껴지고, 집에 들어가는 것도 즐거워졌습니다. 같은 과 친구들은 선희가 이전보다 편안해 보인다고 말합니다. 그래서인지 이제는 과 친구들과 사이가 좋아졌고, 마음에 있는 이야기를 편하게 나눌 수 있는 친한 친구도 두 명이나 생겼습니다.

선희는 이번 겨울방학 때는 남동생을 대상으로 해서 용서와 화해하기 작업을 해 볼 생각입니다. 엄마가 남동생을 편애한다고 생각해서 남동생과 많이 싸웠고, 그로 인해 사이가 좋지 않습니다. 남동생이 내년에 군대에 간다고 하는데 그 전에 좋은 관계를 만들어 보려고 합니다.

◈ **희수의 화해하기 점수**

희수의 점수는 14점으로, 보통 수준으로 나타났습니다. 사실 아직도 희수는 남편과의 관계가 그렇게 편하지 않습니다. 그러나 상처를 받은 초기보다는 많이 좋아졌습니다. 그래서 희수는 남편을 대상으로 해서 화해하기 작업을 반복해서 실시해 볼 생각입니다.

2) 화해하기에 대한 요약하기

당신이 실천한 화해하기에 대해서 정리하고 요약을 해 놓으면 이번에 실천한 화해하기의 과정과 결과를 더 자세히 이해할 수 있고, 다음에 다른 대상에게 화해하기를 실천할 때도 도움이 될 것입니다.

◈ 선희의 화해하기에 대한 요약하기

다음은 선희가 작성한 것입니다.

활동지 8-4: 나의 화해하기에 대한 요약(선희)

1. 화해하기의 과정을 거치면서 얻은 것은 무엇입니까?

- 전에는 엄마만 보면 피했는데 이제는 엄마에게 다가가려고 노력
  한다.

- 솔직히 용서만 했을 때는 엄마가 다음에 다시 나를 무시하고 상처
  를 주면 어쩌지 하는 두려움이 있었다. 그러나 화해하기를 실습하
  면서 내가 싫어하고 상처가 되는 것을 엄마에게 직접 이야기하니
  까 엄마가 조심했다. 그래서 이제는 엄마에게서 다시 상처 받지 않
  을까 하는 두려움이 없어졌다. 그러니까 엄마가 더 편해졌다.

2. 화해하기를 실천하는 데 가장 도움이 된 것은 무엇입니까?

- 내가 먼저 엄마에게 다가가는 것
- 효과적인 대화법
- 엄마가 좋아하는 것을 찾아서 해 주는 것
- 내가 싫어하고 상처가 되는 것을 직접 엄마에게 말하고, 엄마가 조
  심해 주는 것
- 가족의 도움

3. 화해하기를 실천하는 데 가장 방해가 된 것은 무엇입니까?

- 자존심과 어색함을 극복하는 것

- 상대방이 거부하지 않을까 하는 두려움
- 내 잘못도 인정하는 것

4. 화해하기를 실천하고 난 뒤에 나에게 일어난 변화는 무엇입니까?

- 무엇보다 마음이 편해지고 자신감이 생겼다.
- 엄마 및 다른 가족과의 관계가 좋아졌다.
- 친구들이 내가 밝아졌다고 한다. 친구들과의 관계도 좋아졌다.
- 내가 하는 일에 집중할 수가 있다.

실습: 당신에게 적용하기

1. 화해하기 과정

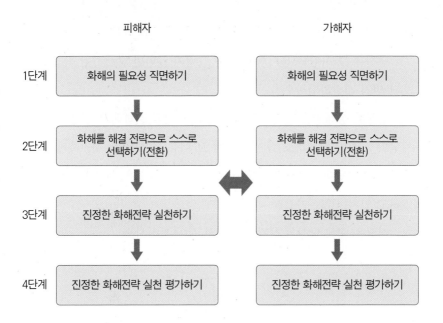

[그림 8-1] 화해하기의 과정

[그림 8-1]은 화해하기의 과정을 보여 줍니다. 당신이 준비가 되었다면 지금부터 화해하기의 과정을 차례대로 하나씩 따라가 봅시다.

1) 1단계: 화해의 필요성 직면하기

당신이 제1장에서 작성한 [활동지 1-1: 내가 받은 상처 체크리스트]를 다시 한 번 읽어 보십시오(p. 41). 당신이 용서하기 작업을 위해서 선택한 깊은 상처를 기억해 보십시오. 당신은 어떤 상처를 받았습니까? 그 상처가 미치는 부정적인 영향은 무엇입니까?

당신은 그 사람을 용서했습니까? 그렇지 않다면 용서하기 작업부터 먼저 시작하십시오.

당신은 상대방을 용서했고, 이제는 상대방과 화해하고 싶은가요? 만약 당신이 화해하고 싶지 않다면 그 이유는 무엇입니까? 혹시 당신은 자아방어기제를 사용하면서 화해의 필요성을 거부하고 회피하고 있지는 않은가요?

시간을 내서 당신의 생각을 자세히 적어 보십시오.

2) 2단계: 당신의 전환: 화해를 해결 전략으로 스스로 선택하기

상처 때문에 악화된 관계를 회복하기 위해서 화해를 시도해 볼 의향이 있나요? 그렇다면 당신의 결심을 굳건하게 만들기 위해서 다음의 서약서를 작성해 보십시오.

활동지 8-1: 화해 시도 결심 서약서

나는 상처 때문에 불편한 관계가 되어 버린 (   )와
화해를 시도할 것을 결심합니다.

그리고 다음을 약속합니다.

1. 그 사람에 대한 원한, 분노, 죄책감, 수치심을 갖지 않도록 노력
   하겠습니다.
2. 겸손한 마음으로 그 사람에게 먼저 다가가겠습니다.
3. 그 사람을 이해하고, 공감하려고 노력하겠습니다.
4. 그 사람과 대화하려고 노력하겠습니다.
5. 상호 신뢰를 쌓기 위해서 노력하겠습니다.

이름: 날짜:

---

3) 3단계: 진정한 화해전략 실천하기

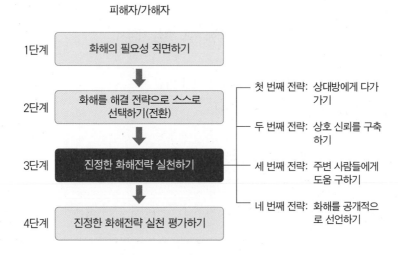

[그림 8-2] 진정한 화해전략 실천하기

앞에 제시한 [그림 8-2]에서 보는 것처럼 진정한 화해전략에는 네 가지가 있습니다. 전략 하나하나가 진정한 화해를 하는 데 큰 도움이 되므로 최대한 실천하도록 노력해 보십시오.

(1) 첫 번째 전략: 상대방에게 다가가기(겸손, 공감, 대화하기)

당신에게 상처를 준 사람에게 다가갈 마음이 있습니까? 어떻게 하면 효과적으로 다가설 수 있을까요?

시간을 내서 당신의 생각을 자세히 적어 보십시오.

---

(2) 두 번째 전략: 상호 신뢰를 구축하기

당신에게 상처를 준 사람과의 상호 신뢰를 구축하기 위해서 어떻게 할 것인지 계획을 세워 보십시오. [활동지 8-2]를 이용하면 도움이 될 것입니다. 상대방과 함께 작성하는 것이 좋지만 사정이 허락하지 않을 때는 먼저 나의 생각을 쓰고 실천하도록 합시다.

활동지 8-2: 상호신뢰를 구축하기

1. 상대방이 내게 해 주면 좋은 것은 무엇입니까?

(1) (　나의　) 입장

　①

　②

　③

(2) (　상대방의　) 입장

　①

②
③

2. 상대방에게서 싫은 것은 무엇입니까?

(1) (　　나의　　) 입장

　①

　②

　③

(2) (　상대방의　　) 입장

　①

　②

　③

3. 상대방과의 부정적 상호작용을 줄이기 위해서는 어떻게 해야 합니까?

-----

4. 상대방과의 긍정적 상호작용을 늘리기 위해서는 어떻게 해야 합니까?

---

(3) 세 번째 전략: 주변 사람들에게 도움 구하기

당신이 도움을 청할 수 있는 사람은 누구입니까? 구체적으로 누구에게 어떤 도움을 받을 수 있는지를 자세하게 적어 보십시오.

---

(4) 네 번째 전략: 화해를 공개적으로 선언하기

다음의 화해하기 증서를 작성해 보십시오. 그리고 당신의 눈에 제일 잘 띄는 곳에 붙여 놓고서 당신이 화해하기 행동을 잘하고 있는지 자주 점검해 보십시오. 당신의 실천을 도와줄 가까운 사람을 보증인으로 세우는 것도 좋은 방법입니다.

활동지 8-3: 화해하기 증서

나는 불편한 관계가 되어 버린   (   )와 화해하려고
합니다.

그리고 다음을 약속합니다.

1. 그 사람과 대화하도록 노력하겠습니다.
2. 그 사람을 이해하고, 공감하려고 노력하겠습니다.
3. 그 사람이 좋아하는 것은 하고, 싫어하는 것은 하지 않겠습니다.
4. 그 사람을 신뢰하도록 노력하겠습니다.

이름: 날짜:

보증인: 날짜:

---

4) 4단계: 진정한 화해전략 실천 평가하기

지금까지 네 가지의 진정한 화해하기 실천 전략에 대해서 살펴보
았습니다. 〈부록 8-2〉의 '진정한 화해전략 실천 점검표'를 이용해
서 당신이 각각의 전략을 얼마나 잘 수행했는지를 확인해 보십시
오. 만약에 당신이 3점 이상으로 실천하지 못한 전략이 있으면 그 전
략을 다시 한 번 수행하십시오.

2. 화해하기 결과 평가

화해하기의 과정을 거친 뒤에 당신이 얼마나 화해하고 있는지 궁금한가요? 용서처럼 화해의 결과도 두 가지 방법으로 평가하는 것이 좋습니다. 첫 번째 방법은 〈부록 8-3〉의 '화해하기 결과 평가표'를 작성한 후 화해하기 점수를 구하는 것입니다. 두 번째 방법은 화해하기의 과정을 거치면서 느낀 것을 중요한 항목을 중심으로 요약해 보는 것입니다.

1) 화해하기 결과 평가표 작성하기

화해하기의 과정을 거치고 난 뒤에 당신과 상대방은 얼마나 화해하게 되었습니까? 〈부록 8-3〉의 '화해하기 결과 평가표'를 작성해 보십시오(p. 319). 당신의 화해하기 총점은 얼마입니까? (점)

점수의 해석 기준에 따르면 당신은 어떻게 해야 합니까? 당신의 계획을 구체적으로 적어 보십시오.

2) 나의 화해하기에 대한 요약하기

당신이 거쳐 온 화해하기의 과정을 요약해 놓으면 이번에 실천한 화해하기를 더 잘 이해할 수 있고, 다음에 다른 대상에게 화해하기를 할 때도 도움이 될 것입니다. 다음의 활동지를 자세히 작성해 보십시오.

활동지 8-4: 나의 화해하기에 대한 요약

1. 화해하기의 과정을 거치면서 얻은 것은 무엇입니까?

----

2. 화해하기를 실천하는 데 가장 도움이 된 것은 무엇입니까?

----

3. 화해하기를 실천하는 데 가장 방해가 된 것은 무엇입니까?

----

4. 화해하기를 실천하고 난 뒤에 나에게 일어난 변화는 무엇입니까?

부록 8-1

화해의 불편함을 피하기 위해서 사용하는 자아방어기제

종류	설명	예
억압	무의식으로 밀어내서 의식조차 하지 못하게 하는 것	남편의 외도로 상처 받은 아내가 화해의 필요성을 의식하지 못하는 것
부정	보거나 듣는 것을 거부해서 지각한 것을 왜곡하거나, 지각한 현실을 왜곡해서 현실과 다르게 받아들이는 것	남편이 연락을 시도하며 화해 신호를 보내는 데도 그것을 무시하면서 관계가 완전히 끝났다고 하는 것
합리화	부당하고 비합리적인 행동에 대해서 합리적인 설명을 제공하려고 노력하는 것. 변명이나 핑계를 대는 것	회사일로 바빠서 상대방을 만날 시간이 없다고 하는 것
반동형성	실제로 느끼는 감정이나 생각과는 정반대로 표현하는 것	속으로는 화해하고 싶지만 겉으로는 화해를 거부하면서 쌀쌀하게 구는 것
대치	다른 대상에게 부정적인 반응을 보이는 것	화해를 하지 않아 남편에게 화가 난 것을 만만한 아이들에게 화풀이하는 것
투사	나의 불편한 욕구나 감정을 다른 사람의 탓으로 돌리는 것	내가 화해하기 싫은 것을 남편이 화해를 거부한다고 말하는 것
동일시	상대방처럼 되는 것	남편이 화를 내면 나도 화를 내고, 남편이 비난하면 나도 비난하는 것

진정한 화해전략 실천 점검표

1. 당신이 겸손, 공감, 대화를 통해서 상대방에게 먼저 다가서기 위해서 노력했습니까?

전혀 아니다		보통이다		매우 그렇다
1	2	3	4	5

2-1. 당신은 상대방이 좋아하는 것과 싫어하는 것을 알아내기 위해서 노력했습니까?

전혀 아니다		보통이다		매우 그렇다
1	2	3	4	5

2-2. 당신은 상대방과 부정적 상호작용은 줄이고 긍정적 상호작용은 늘리기 위해서 노력했습니까?

전혀 아니다		보통이다		매우 그렇다
1	2	3	4	5

3. 주변 사람들에게 도움을 구했습니까?

전혀 아니다		보통이다		매우 그렇다
1	2	3	4	5

4. 화해하기를 공개적으로 선언했습니까?

전혀 아니다		보통이다		매우 그렇다
1	2	3	4	5

부록 8-3

화해하기 결과 평가표

1. 서로 편하게 연락하고 있습니까?

전혀 아니다		보통이다		매우 그렇다
1	2	3	4	5

2. 서로 편하게 대화하고 있습니까?

전혀 아니다		보통이다		매우 그렇다
1	2	3	4	5

3. 상대방이 좋아하는 것을 기꺼이 해 주고 싶습니까?

전혀 아니다		보통이다		매우 그렇다
1	2	3	4	5

4. 서로 신뢰하고 있습니까?

전혀 아니다		보통이다		매우 그렇다
1	2	3	4	5

5. 상대방과의 관계가 예전처럼 좋아졌습니까?

전혀 아니다		보통이다		매우 그렇다
1	2	3	4	5

● 화해하기 결과 점검표를 채점하는 방법은 다음과 같습니다.

① 1번에서 5번까지의 점수를 더하십시오.

② 당신의 총점은 얼마입니까? (   )점

● 총점을 해석하는 기준은 다음과 같습니다.

① 10점 이하: 낮은 수준

아직도 상처가 당신들의 관계에 부정적인 영향을 미치고 있습니다. 잠시 쉬었다가 다시 한 번 동일한 상처를 대상으로 화해의 과정을 따라가 보도록 하십시오.

② 11~19점: 보통 수준

두 가지 방향을 선택할 수 있습니다. 첫 번째는, 이번 화해하기 대상에 대해서 다시 한 번 화해하기 작업을 함으로써 당신의 화해하기를 심화시키는 것입니다. 두 번째는 다른 화해하기 대상으로 넘어가는 것입니다.

③ 20점 이상: 높은 수준

당신의 화해하기 작업은 성공한 것입니다. 그러나 여기서 멈추지 말고 잠시 휴식을 취했다가 시간이 나는 대로 다른 대상을 선택해서 화해하기 작업을 반복해 볼 것을 권합니다. 화해하기를 계속 연습하면서 당신은 화해하는 사람이 될 것이고, 사람들에게 대한 신뢰가 커지면서 다른 대인관계도 많이 향상될 것입니다.

마치는 글: 용서의 선물 릴레이

어느 날 우리 대학 신문 기자에게서 전화가 왔습니다. 대학 신문의 '교수님의 서재'라는 코너를 위해서 좋은 책을 한 권 추천받고 그 책에 대한 인터뷰를 하고 싶다고 했습니다.

나는 『세상에서 가장 아름다운 용서』라는 책을 추천했습니다. 이 책은 가족이 살해 당하는 너무나 끔찍한 상처를 받은 유가족들이 살인범을 용서함으로써 자신을 치유하고, 더 나아가서 사회를 치유하기 위해서 사형제도 폐지와 회복적 사법 운동까지 벌이는 사례들을 담은 감동적인 책입니다.

그런데 인터뷰를 하러 내 연구실로 온 학생 기자는 "왜 용서를 해야 해요? 상처를 그냥 놔 두면 되지."라고 말을 하더니 갑자기 눈물을 펑펑 쏟았습니다.

갑자기 내 마음이 아파 왔습니다. 그 학생 기자가 생각하기조차 싫은 깊은 상처를 가지고 있다는 생각이 들었기 때문입니다. 나는 그 학생에게 용서는 스스로 선택하는 것이 중요하다는 것을 강조하면서 열심히 용서에 대해서 설명해 주었습니다. 비록 지금은 마음이 내키지 않고 이해가 안되더라도 언젠가 기회가 닿으면 오늘 우리의 이야기를 기억하고 용서를 통해 자신의 아픈 상처를 치유해 가기를 바라는 마음에서였습니다.

그 학생을 다시 만난다면 이 책을 선물하고 싶습니다. 용서와 화해의 과정을 자세히 다룬 이 책이 조금은 더 쉽게 용서와 화해의 길을 걸어갈 수 있게 도와줄 것이기 때문입니다.

극복*

영원히 웃는 인생도
영원히 우는 인생도 없습니다
인간이 극복할 수 없는 일은 많지 않습니다.
신은 인간에게 견딜 만큼의 시련을 줍니다

인생을 살아가다 보면 누구나 큰 상처를 받지만 신은 우리에게 그것을 극복할 능력도 주었습니다.

바로 용서와 화해의 능력입니다.

---

* 김정한(2015)

그렇지만 용서와 화해의 길은 쉽지 않고 많은 장애물이 숨겨져 있습니다. 그래서 처음부터 시작하고 싶은 마음이 아예 생기지 않을 수도 있고, 조금 걸어가다가 장애물을 만나면 쉽게 포기하기도 합니다.

그러나 용기를 내어 용서의 길을 걷기 시작하고, 힘들어도 포기하지 않고 조금씩 조금씩 앞으로 나아가다 보면 어느새 상처의 덫에서 벗어나 자유롭게 된 자신의 모습을 보게 될 것입니다. 이 책을 읽는 것이 바로 그 첫 걸음입니다.

이 책을 마치면서 나는 용서의 선물 릴레이를 제안합니다. 내가 먼저 당신에게 용서의 선물을 보냅니다. 당신도 혹시 주변에 아픈 상처를 가지고 힘들어하는 사람이 있으면 이 책을 선물하면 어떨까요?

참고문헌

국어국문학회(2000). 국어대사전. 서울: 민중서관.

김광수(1999). 용서교육 프로그램 개발. 서울대학교 대학원 박사학위 청구
논문.

김광수(2002). 용서 프로그램이 대인관계 상처경험자의 자존감, 불안, 분노에
미치는 영향. 청소년상담연구, 10, 165-191.

김기범, 임효진(2006). 대인관계 용서의 심리적 과정 탐색: 공감과 사과가 용
서에 미치는 영향 분석. 한국심리학회지: 사회 및 성격, 20(2), 19-33.

김은경(2009). 회복적 사법 실천모델의 효과성 연구: 공식소년절차 참여집
단과 '대화모임' 참여집단 간의 비교연구를 중심으로. 형사정책연구,
20(3), 239-272.

김은경, 이호중(2006). 학교폭력 대응방안으로서 회복적 소년사법 실험연구(I).
서울: 한국형사정책연구원.

김정한(2015). 조금은 서툴고 흔들리는 그대에게 왜 사냐고 묻거든. 서울: 북
씽크

김준호, 노성호, 이성식, 곽대경, 이동원, 박철현(2003). 청소년 비행론. 서울:
청목출판사.

박종효(2003). 용서와 건강의 관련성 탐색. 한국심리학회지: 건강, 8(2),
301-322.

박종효(2011). 용서, 행복에 이르는 길. 서울: 미래를 소유한 사람들.

박종효(2012). 한국 대학생의 용서 빌기에 관한 탐색적 연구. 한국심리학회지: 발달, 25(2), 67-83.

박태우(2012. 2. 16.). '건방지다' 땅에 파묻은 고교생… 조폭 빰친 선후배 '폭력 대물림'. 경향신문.

서정기(2011). 학교폭력에 따른 갈등경험과 해결과정에 대한 질적 사례연구-회복적 정의(restorative justice)에 입각한 피해자-가해자 대화모임(victim-offender mediation)을 중심으로-. 연세대학교 대학원 박사학위 청구논문.

오영희(1995). 용서를 통한 한의 치유: 심리학적 접근. 한국심리학회지: 상담과 심리치료, 7(1), 70-94.

오영희(2004). 대학생의 부모-자녀 갈등경험, 용서, 정신건강의 관계. 교육심리연구, 18(3), 59-77.

오영희(2006). 한국인의 상처와 용서에 대한 조사. 교육심리연구, 20(2), 467-486.

오영희(2007). 청소년의 부모-자녀 갈등경험과 심리적 부적응과의 관계: 용서와 자아존중감의 매개효과. 교육심리연구, 21(3), 645-663.

오영희(2011). 한국인 용서 척도 단축형의 개발과 타당화. 한국심리학회지: 건강, 16(4), 799-813.

오영희(2011). 한국인 용서 척도 단축형의 규준 개발. 사회과학연구, 17권, 41-54.

오영희(2015). 한국 대학생의 용서구하기에 대한 조사. 청소년학연구, 22(1), 81-110

이은혜, 이초롱, 현명호(2009). 데이트 폭력 관계를 유지시키는 요인으로서 용서: 투자모델에 더하여. 한국심리학회: 일반, 28(2), 385-403.

임홍빈(2013). 수치심과 죄책감. 서울: 바다출판사.

한국천주교중앙협의회(2005). 성경. 서울: 한국천주교중앙협의회.

Bergin, A. E. (1988). Three contributions of a spiritual perspective to counseling, psychotherapy, and behavioral change. *Counseling and Values, 33*, 21-31.

Cotroneo, M. (1982). The role of forgiveness in family therapy. In A. J. Gurman (Ed.), *Questions and answers in the practice of family therapy*. New York: Brunner/Maxel, 241-244.

Cunningham, B. B. (1985). The will to forgive: A pastoral theological view of forgiving. *The Journal of Pastoral Care, 54*, 48-50.

Eastin, D. L. (1988). *The treatment of adult female incest survivors by psychological forgiveness*. Unpublished doctoral dissertation. University of Wisconsin-Madison.

Enright, R. D. (2014). 용서하는 삶-상처와 분노를 치유하고 사랑의 유산을 남기는. [*The forgiving life: A pathway to overcoming resentment and creating a legacy of love*]. (김광수, 박종효, 오영희, 정성진 역). 서울: 시그마프레스. (원전은 2012년에 출판)

Enright, R. D. & Fitzgibbons, R. P. (2011). 용서심리학: 내담자의 분노 해결하기. [*Helping clients forgive: An empirical guide for resolving anger and restoring hope.*]. (방기연 역). 서울: 시그마프레스. (원전은 2000년에 출판)

Enright, R. D., & the Human Development Study Group. (1991). The moral development of forgiveness. In W. Kurtines and J. Gewirtz (Eds.), *Handbook of moral behavior and development* (Vol. 1). Hillsdale, NJ: Erlbaum.

Fields, L. & Hubbard, J. (2014). 부모 용서하기. [*Forgiving our fathers and mothers*]. (배응준 역). 서울: 규장. (원전은 2014년에 출판)

Gassin, E. A. (1998). Receiving forgiveness as moral education: a theoretical analysis and initial empirical investigation. *Journal of Moral Education, 27*(1), 71-87.

Gordon, T. F. & Gordon, S. J. (1997). 부모 역할 배워지는 것인가. [*Parent effectiveness training in action*]. (김인자 역). 서울: 심리상담연구소. (원전은 1976년에 출판).

Gottman, J. M. (1994). *Why Marriages Succeed Or Fail: And How You Can Make Yours Last*. New York: Simon & Schuster.

Gouldner, A. W. (1973). *For sociology: Renewal and critique in sociology today*. London. Allen Lane.

King, R. (2006). 세상에서 가장 아름다운 용서 [*Don't kill in our names*]. (황근하 역). 서울: 샨티. (원전은 2003년에 출판)

North, J. (1987). Wrongdoing and forgiveness. *Philosophy, 62*, 336-352.

Ritzman, T. A. (1987). Forgiveness-Its role in therapy. *Journal of the American Academy of Medical Hypnoanalysis*. March. 4-13.

Trainer, M. (1981). *Forgiveness: Intrinsic, role-expected, expedient, in the context of divorce*. Doctoral Dissertation. Boston University, Boston, USA.

Worthington, Jr., L.(Ed.) (2005). *Handbook of forgiveness*. New York: Routledge.

Worthington, Jr., E. L. (2006). 용서와 화해. [*Forgiving and reconciling*]. (윤종석 역). 서울: Ivp. (원전은 2003년도에 출판)

Zehr, H. (2010). 회복적 정의란 무엇인가? [*Restorative justice*]. (손진 역). 서울: Korean Anabaptist Press. (원전은 2005년에 출판)

찾아보기

저자 소개

오영희(Oh, Young Hee)

용서에 대한 심리학 연구가 드물던 1989년에 미국 위스콘신 대학교 교육심리학과에서 「용서의 발달: 친구 사이의 용서를 중심으로」라는 제목으로 박사학위(Ph. D.)를 받았다. 현재 덕성여자대학교 심리학과 교수로 재직하면서 어떻게 하면 용서를 일상생활에서 효과적으로 활용할 수 있는지에 대해서 집중적으로 연구하고 있다. 우리나라 사람들의 상처와 용서에 대해서 조사하고, 부모-자녀 간의 심각한 갈등을 해결하는 방법으로서의 용서에 대해서 연구하고, 우리나라 사람들에게 맞는 다양한 용서 검사와 용서 프로그램을 개발하고 있다.

상처의 덫에서 행복의 꽃 피우기

용서와 화해 실천서

How to blossom happiness from a painful hurt trap:
A guidebook to forgiveness and reconciliation

2015년 9월 25일 1판 1쇄 발행
2016년 1월 20일 1판 2쇄 발행

지은이 • 오영희
펴낸이 • 김진환
펴낸곳 • ㈜ **학지사**

　　　04031 서울시 마포구 양화로 15길 20 마인드월드빌딩
대표전화 • 02)330-5114　　　팩스 • 02)324-2345
등록번호 • 제313-2006-000265호

홈페이지 • http://www.hakjisa.co.kr
페이스북 • https://www.facebook.co.kr/hakjisa

ISBN 978-89-997-0734-6　93180

정가　15,000원

인터넷 학술논문 원문 서비스 **뉴논문** www.newnonmun.com

이 도서의 국립중앙도서관 출판시도서목록(CIP)은 서지정보유통지
원시스템 홈페이지(http://seoji.nl.go.kr)와 국가자료공동목록시스템
(http://www.nl.go.kr/kolisnet)에서 이용하실 수 있습니다.
(CIP제어번호: CIP2015022031)